好妈妈胜过好老师

父母不能犯的错

尹建莉 著

作家出版社

图书在版编目（CIP）数据

好妈妈胜过好老师. 父母不能犯的错 / 尹建莉著. -- 北京：作家出版社，2025.7. -- ISBN 978-7-5212-3208-0

Ⅰ. G78

中国国家版本馆CIP数据核字第2025KB4812号

好妈妈胜过好老师——父母不能犯的错

作　　者：尹建莉

策　　划：郑建华

责任编辑：郑建华　李　雯

装帧设计：BOOK DESIGN

出版发行：作家出版社有限公司

社　　址：北京农展馆南里10号　　　　邮　　编：100125

电话传真：86-10-65067186（发行中心）
　　　　　86-10-65004079（总编室）

E-mail:zuojia@zuojia.net.cn

http://www.zuojiachubanshe.com

印　　刷：三河市紫恒印装有限公司

成品尺寸：165×240

字　　数：220千

印　　张：16.5

印　　数：10001-15000

版　　次：2025年7月第1版

印　　次：2025年7月第2次印刷

ISBN　978-7-5212-3208-0

定　　价：49.00元

改版前言

当我们理解了一个儿童，就理解了所有的孩子

尹建莉

我的第一本家庭教育著作《好妈妈胜过好老师》于 2009 年出版，一经上市即引起巨大轰动，在各大图书畅销榜上数年雄踞前几名，十多年长销不衰。

本书的畅销得益于读者的互相推荐。当公众多年来在一些虚饰浅陋的教育话语下深感迷茫，或在老生常谈的话语下深感卷怠时，他们意外地被这真实、深刻和美震撼了。"受益匪浅"和"相见恨晚"是我收到的读者反馈中出现最多的两个词。

我本人具有教师、教育研究者和妈妈几重身份。在《好妈妈胜过好老师》这部著作中，我经常从一个母亲的角色进入问题，却始终以专业工作者的学识和态度来看待问题和分析问题。

本书内容大部分取材于我和女儿的日常交流，道理却是普适性的。无数家长因为这本书而发生教育观念的重大转变，无数孩子因这本书而受益。

美国作家梭罗说过："多少人在读了一本书后，开始了他生活的新纪元！一本书，能解释我们的奇迹，又能启发新的奇迹，这本书就为我们而存在了。"

在这里我要特别感谢作家出版社，他们慧眼识珠，逆市而上，使本书和读者顺利见面。尤其是责任编辑郑建华，本书出色的市场表现，离不开他出色的眼光和努力，《好妈妈胜过好老师》这个书名就是他定的。为了找到一个恰当的书名，我们前前后后想了一百多个，当他最终提出"好妈妈胜过好老师"时，我们都有眼前一亮的感觉。这个书名在当时来说，几乎是呼喊出了一个革命性的观念，够大胆，够颠覆。

很久以来，我们对学校教育寄予的期望太高太多，而家庭教育的功能及重要性却被严重低估。"好妈妈胜过好老师"与其说是颠覆，不如说是还原。它让人看到学校教育的有限性和家庭教育的重要性；看到"教育"不在宏大的口号里，而在日常生活细节中，儿童最重要的老师首先是父母——这样的观念其实并不新鲜，只是以前很少有人这样勇敢而明确地说出来。

在《好妈妈胜过好老师》出版五年之后，我的第二部教育著作《最美的教育最简单》出版。

本书仍采用案例写作的手法，案例主角扩展为更多的孩子，展示了前一本书尚未涉及的另一部分儿童教育生活，对大家面临的种种教育问题进行了深入而细腻的解读，并指出当下教育面临的种种误区，同时为读者提供了许多可操作的方法。它让大家看到，美好的教育并不复杂，有效的教育往往是朴素而简单的。

本书同样受到读者欢迎，销量可观，荣获 CCTV 评选的"年度好书"。北京大学老中青三代学者从浩如烟海的古今中外图书中评选出了《影响人生的书单》，本书荣幸入选。

在这两本书出版时间平均近十年的情况下，种种原因，我和出版社都认为有必要对这两本书进行修订再版。在保持原有篇章基本不变的情况下，删减一些已经不合时宜的内容，修改几处当时还不够成熟的观点，增加一部分必要的新内容，重新编排章节、润色文字，使其作为经典教育著作能够与时俱进，更好地服务于读者。

任何时代任何人提出的任何思想，都是某种"自我"角度的看法，所以不能保证被所有人认可，或者说思想本身也可能是偏见。从我个人来说，也经常有自我否定的情况，跟随着否定的总是进步。我诚实地对原著内容进行了审视和修订，但我仍然不能保证这次改版后的观念都是正确的。可以确定的是，随着时间推移，一定有些新的问题会呈现出来。我会始终保持学习的态度、容纳的态度、接受的态度面对新形势、新观念。本书若有观念不能够跟上时代，希望读者朋友们给予批评，并且见谅，你看到了一个人的局限，就看到了自己的进步。

在这里我要再一次向著名学者钱理群教授和我的导师朱旭东教授表示感谢，他们的推荐是对这本书最中肯的评价；他们自身的社会威望和学术公信力，让读者更加信任这本书。

感谢所有的读者朋友，本书的终极价值体现在你们那里，是你们的阅读让这本书得以传播，是你们的理解让这本书放出光彩，是你们的应用让这本书变得真正有价值。尤其感谢很多中小学教师和校长，他们正是本书的主力推荐人群，很多家长就是从学校召开的家长会上知道这本书的。

感谢我的家人，是家人的支持，为我的成长提供了良好的土壤。

尤其感谢我的孩子，她的出生是我生命中最重要的事件之一，从这里我开启了自我成长之路。在陪伴女儿成长的岁月里，我对儿童的理解从书本知识转移到活生生的人身上，对教育的认识从单调的理论进入到多姿多彩的实践中。当人们读我的书时，很多人感叹我作为妈妈对孩子遇到的问题处理得那么好，事实上这并非天赋，而是和孩子共同成长的结果。与其说是我教育了女儿、塑造了女儿，不如说是女儿教育了我、塑造了我。

我并没有力量让我的孩子成为什么样的人，作为养育者，我只是不给她太多压力和干扰，在她需要帮助的时候给予恰当的帮助。而她，催化了我的母爱，激活了我的内在能量，点燃了我对教育的热情，让我最终有力量创作出《好妈妈胜过好老师》及此后的几本教育著作。在和女儿的相处中，我深深地体会到"和孩子一起成长"是多么美妙的一件事。

一花一世界，一叶一菩提。每一个儿童都是一个小宇宙，当我们理解了一个儿童，就理解了所有的孩子；当我们能理解所有的孩子，就能容易地理解任何一个孩子。儿童不是需要我们去打造的弱小的人，而是尚未被扭曲变形的完美的神。

神性的存在让这个世界得到某种程度的净化，使人类延续。唯愿天下儿童都有一个幸福的童年。

要感谢的人很多，在此一并致谢——谢谢大家，祝福大家！

前言

当我们手上有块玉时

读到一则寓言。一位农夫得到一块玉，想把它雕成一件精美的作品，可他手中的工具是锄头。很快，这块玉变成了更小的玉，而它们的形状始终像石头，并且越来越失去价值。

年轻的父母也得到一块玉——可爱的孩子——多年后的结果却是，一些人得到了令人满意的作品，一些人眼瞅着玉石的变化越来越失望。二者的区别，就是后者使用的，常常是锄头。

可有谁会认为自己那么笨呢？现代人都很自信。

我认识一位博士，他个人无论在做学问、干工作还是为人处世等方面都非常好。中年得子，珍爱如宝。他知道做人比做学问更重要，所以特别注意孩子的品格培养。他的孩子刚刚两岁，经常自顾自地玩耍，大人和他说话充耳不闻。做父亲的认为礼貌要从小培养，看到孩子这样，很着急，就会走过去拿开孩子手里的东西，严肃地告诉他，大人和你说话必须要回答。孩子对他的话不在意，当下哭闹一番，事后总是"故技重演"；他就一次次地把儿子从玩耍中拉出来，对儿子进行批评教育。他坚定地说："我必须要把孩子的坏毛病纠正过来！"

博士不知道，两岁的孩子还没建立起人际交往的互动概念。对这么小的孩子谈礼貌，宛如对牛弹琴，他不仅听不懂，还会被吓着。最重要的是，他这时正处于开始认识世界的关键期，对一切都充满好奇，一张小纸片、半截烟头都可能让他沉迷。儿童的智力发育、注意力培养、兴趣发展都离不开这种"沉迷"。这看似无聊的玩耍，正是孩子对未来真正的学习研究进行的"前期准备工作"。无端地、经常地打扰孩子，会破坏他的注意力，使他以后很难集中精力去做一件事情，同时也失去对事物的探究兴趣。此外，"礼貌教育"频频引发家长和孩子的冲突，还会导致孩子在认知上不知所措，扰乱孩子正常的心理成长秩序，使他情绪烦躁，并且对环境产生敌意，影响品行发展。

博士绝不怀疑自己是一位琢玉高手，却不知他此时运用的正是锄头——家庭教育中的错误就这样在无意间产生，使结果和愿望背道而驰，这是最令人遗憾和痛心的地方。

这几年接触了不少家长，更多的是一些所谓"问题儿童"的家长。我从不同的案例中看到一个共同现象：家长无意中所犯的一些小错，日积月累，会慢慢形成一个严重困扰孩子的大问题，给孩子带来深刻的痛苦，甚至扭曲孩子的心灵。不是家长爱心不够，而是他们不知道有些做法不对。

西方有句谚语："地狱之路有时是好的意图铺起来的。"是啊，哪个家长的教育意图不好呢？当良好的意图和令人失望的结果形成巨大反差时，许多家长都抱怨孩子，说孩子自己不争气，天生就是一块不可雕的朽木——这是显而易见的强词夺理——如果问题来源于孩子自身，是他天生带来的，那孩子自己有什么办法呢，正如一个人眼睛太小不能怪自己一样；如果问题只能通过孩子自我认识、自我改变来解决，所谓"教育"的功能又在哪里呢？

也有人把个体教育中的一些问题归结到"社会""政策""时代"等宏大因素上。这种归结习惯，最典型的如近年来大、中、小学校园里无论发生什么负面事件，人们都要在"教育体制"上找原因，到最后，板子基本上都要打到"高考"上。高考——这在我国目前来说最公平的一项教育政策，现在成了替罪羊，成了一切教育问题的"罪魁祸首"。

世界上没有哪个国家的教育体制能完美到可以解决每一个学生的个体问题。每一个孩子都是一个独有的世界，他的成长，取决于和他接触的家长和教师给他营造的、直接包围着他的"教育小环境"。这个小环境的生态状况，才是真正影响孩子成长的决定性因素。

家长作为和孩子接触时间最早、最长的关键人物，是"小环境"的主要营造者——家长在日常生活中，在每一件小事上如何引导孩子、如何处理和孩子的关系，几乎每一种细节都蕴含着某种教育机缘。对细节的处理水平，区分出了家长手中握着的是锄头还是刻刀——它使孩子的世界与未来全然不同。

在这本书中，我就孩子成长中的种种问题写了很多细节，也给出了很多方法。无论这些"方法"多么不同，它们其实都是建立在一些共同的教育理念上的。"方法"固然重要，但再多的方法也无法穷尽一个人遇到的所有教育问题。正确的教育理念则如同一把万能钥匙，可以打开不同的锁。表面上看，本书各篇文章都在独立地谈某一个问题；事实上，所有的观点和方法都有内在逻辑上的一致性。当你读完了这里的所有文章，会有一个比较清晰的理念框架进入到观念里——遇到各种问题时，你基本上就会明白该如何做了，"方法"也会自然地来到你的身边。

希望这本书对家长们有用，尤其是年轻的父母们。

培养一个好孩子，不仅是对家庭负责，也是对民族发展负责，对未来社会负责。正确的教育方法是一把精美的刻刀，错误的教育方法就是一柄锄头——当我们手上有一块玉石时，我们必须做得正确。

我眼中的妈妈

圆圆

正像每位父母对孩子都有着深刻影响那样，妈妈对我的影响无疑也是巨大的。

在《好妈妈胜过好老师》这本书中，我并不是主角，而是最直接的受益者。书中妈妈所表达的思想，浓缩了平日里她对每件小事的思考。这也是她这么多年来读书、学习所得到的收获。虽然我平时很少表达，但是可以说我从小就对妈妈的才华与思想非常尊敬，或者说欣赏。

在我少年时期，很多人觉得我比同龄人成熟，我相信这很大程度上得益于父母平时不把我当成不懂事的孩子，他们像尊重一个成年人一样尊重我的每个想法，愿意真诚地倾听我的心声，我有什么想法也总是愿意向他们表达。

从我很小的时候开始，妈妈就注意培养我的阅读兴趣，不论是书籍的选择还是读后的交流，妈妈都给了我很多帮助，而这同时也让我们建立了朋友一般的感情。我们经常同时读一本书，然后交流感想，而那时我不过才上小学。这不仅让我产生了阅读兴趣，还让我感觉到和大人平等交流的乐趣。

随着环境的变化，周围优秀的人越多，我越发现自己有多么平凡。面对很多困难，我会觉得自己不如别人做得好。但是我总能保持良好的心态，不抱怨生活，不唉声叹气。而这种健康的心态就是我最大的财富。

所以在我看来，好的家庭教育也许并不能让人成为事事都能做好的天才，但是却必然培养出好心态。这种好心态能够让我在一生中处事更淡定、更自信、更积极，推动生活进入良性循环。

我非常高兴有很多人能看到《好妈妈胜过好老师》这本书。因为我自己就是最直接受到妈妈的思想熏陶的人，我能体会到这些思想是多么宝贵、多么令人受益匪浅。现在偶尔和妈妈交流一些想法，我还会有"听君一席话，胜读十年书"的感觉。

在钦佩之余我也会对自己近来读书太少产生惭愧之情。可以说妈妈是我的一个榜样，也是人生导师，更是一个珍贵的朋友。

妈妈这本书能够畅销，我并不惊讶。因为书中所写的一点一滴的思想，真的能让很多家庭受益。很多生活细节的处理对于家长来说是小事，但对孩子却会产生巨大的影响。

作为妈妈教育思想最直接的受益者，我很感谢父母给我带来的良好成长环境，也非常喜欢自己平凡却幸福的生活。

这篇文字是女儿圆圆在几年前应一家杂志的邀请写下的，也就是从这篇文字中，我第一次知道她怎么看待我、怎么看待我的书。

我曾不止一次地遇到记者提问，你女儿是不是很崇拜你？我总是笑着说，恰恰相反，我没听到过一句她的崇拜，倒是经常听到她的吐槽，记者们总是会大吃一惊。

我说的是真的，平时我们之间的交流非常随性，彼此像好姐妹一样，开玩笑，打闹，甚至吵架。我们似乎都羞于表达深情，也很少表达这些较为深层次的感受。所以，在这里看到孩子对我的评价和赞美，内心还是非常喜悦的。

把这篇文字收入书中，是因为我非常看重孩子的看法，同时也想用这样的方式向女儿表示感谢，感谢可爱的圆圆今生选择做我的孩子，我爱你。

目　录
contents

第三章　不做穿西装的野人　*89*

> 暴力教育能让孩子变得顺从，不能让孩子变得聪明和懂事；能让他们变得听话，不能让他们变得自觉和上进——暴力教育能得到一些暂时的、表面的效果，但它是以儿童整体的堕落和消沉为代价的。

第四章　你的孩子不属于你 *137*

> 强烈的母爱不是对孩子恒久的占有，而是一场得
> 体的退出。
> 母爱的第一个任务是和孩子亲密，呵护孩子成
> 长；第二个任务是和孩子分离，促进孩子独立。

第五章　谈谈竞争、寄宿和金钱 *159*

> 童年的任务不是向外延展，而是向内积累。一个
> 人内在力量强大，才能很好地把控自己，未来才
> 有可能处理好自己和世界的关系。

第六章　关于自闭症　*203*

现在有一种趋势，儿童出现某种心理问题或行为问题时，人们不再有耐心去思考孩子的个性差异或教育生态环境，而是直接把这些问题推给医疗。当孩子有某种问题时，家长如果不是马上领着孩子跑医院，而是自省一下，我给他正常的家庭生活和正常的教育了吗？我真正理解我的孩子吗？真诚地思考，问题的死扣也许就此开始松动。

第一章

求完美是最不完美的做法

培养一个"完美"孩子是件可悲的事，当一个孩子事事听命于家长，处处循规蹈矩，时时小心谨慎，那不是教育成果，是生命中隐伏的久远的悲伤。

给孩子犯错误权

　　不允许孩子犯错误，犹如不允许学走路的孩子摔跤一样，是以暂时的、表面的完美，取代长久的、内在的完善。培养一个"完美"孩子是件可悲的事，当一个孩子事事听命于家长，处处循规蹈矩，时时小心谨慎，那不是教育成果，是生命中隐伏的久远的悲伤。

　　有位家长向我咨询，她的孩子只有五岁，表现出的问题是非常胆小，而且很自卑。比如跟小朋友一起玩的时候，孩子唯唯诺诺，从不会主动表达什么，只会模仿别人，看别人怎样她就怎样，别人要她怎样她就怎样。家长让她学习写字，她总是写一个字就抬头看看家长，只有等到家长说这字写对了写得不错，才敢再往下写。别的事情上也是这样，似乎只有得到别人的肯定才安心。

　　家长说她知道要经常夸奖孩子，知道夸奖会让孩子变得自信，她也会经常给予孩子表扬，但不知为什么孩子却是这样的表现。

　　通过询问我了解到，这位妈妈是个极其认真的家长，在孩子出生前，她知道孩子不能打骂，也不能溺爱。到自己有了孩子，下决心认真教育孩子。她认为一言一行都是教育，所以天天精心地在各种事上指导孩子，不许孩子有任何一点不合规矩。

比如孩子两岁左右刚刚会说话，就开始要求孩子用"礼貌用语"，哪怕是妈妈给擦了一下鼻涕，也必须说"谢谢"，如果孩子哪次忘了说，就会批评孩子"怎么又没礼貌了，别人给你做了事，要记得说谢谢"。这位妈妈经常给孩子讲"事不过三"的道理，让孩子知道有错误必须立即更正，否则就会受到批评，若孩子屡教不改，她也不会打骂孩子，最多是罚站或关小黑屋。

这个小小的孩子，从她开始接触世界，还不具有生活常识，不理解世间的种种，也没有把控自己的能力时，就被过度指导、过度评价。当她被告知这个对那个不对、这个可以那个不可以时，小小的她无法理解家长每一种评价背后的原理原则，无法自行判断什么对什么错、什么好什么差，莫名其妙就经常被批评。为了取悦家长和逃避惩罚，她把所有的生命能量都用于迎合家长，天天都活得谨小慎微。这种家庭中习得的经验带到外面，就是跟小朋友玩也只能唯唯诺诺，听别人的指令，跟在别人屁股后面模仿。

我告诉这位家长，问题的根源就是她眼里没有孩子，只有标准。孩子在她那里不是一个有血有肉有灵魂的独立的人，只是一块完全由家长塑形的泥巴或石头。她不用爱来温暖孩子，一味地用标准斧凿孩子。一个年仅五岁的孩子，从稍微懂事就被严格对待，可谓人生大半都是在被监控和随时挨批评中走过来的。孩子感受到的只是苛刻、不爱、不安全。她的心理被压抑了，扭曲了，受伤了，所以不可能有正常孩子的样子。

我的话让这位妈妈大吃一惊，一时难以接受。

心理正常的幼儿往往比较自我，他会专注于自己想做什么，而不会考虑别人的评价。从这个孩子"每写一个字就要抬头看看家长，在任何事情上只有得到别人的肯定才心安"的表现，我们可以看到家长对孩子的控制已产生多么糟糕的后果。

孩子原本都是舒展的，天性中没有看眼色的习性。"一个被认可的孩子，他做人做事的态度是真诚的，他不必遵守一些不自然的规则和戒条，因此不需要过虚假的生活。"[1]

不允许孩子犯错误，犹如不允许学走路的孩子摔跤一样，是以暂时的、表面的完美，取代长久的、内在的完善。**培养一个"完美"孩子是件可悲的事，当一个孩子事事听命于家长，处处循规蹈矩，时时小心谨慎，那不是教育成果，是生命中隐伏的久远的悲伤。**

童年需要"试误"，需要"不听话"。不接受孩子犯错，是家长犯下的最大的错误。"对每个孩子来说，大人的认可就是爱，不认可就是恨。"[2]

在儿童教育中，几乎每个人都认可"欣赏孩子"这样一种理念，但在这种理念之下，却有很多人容不得孩子犯一点错。

欣赏和不许犯错是无法兼容的两种态度，不可能同时运行。虽然这位母亲也会夸奖孩子，但一个不允许孩子犯错的母亲是不可能真正欣赏她的孩子的，她的夸奖只能发生在孩子做得令家长满意的时刻，强化给孩子的是这样的印象：家长满意，你就有好果子吃；家长不满意，就给你点颜色看看。

在这样的家庭氛围中成长的孩子，他会花很多心思来揣摸和迎合家长，比如每写一个字都要抬头看看家长。小小的孩子，身体也许被呵护得很好，心却被压上了重担。这重担，无端地消耗着一个小生命的自我

1　[英]A.S.尼尔，《夏山学校》，王克难译，南海出版公司，2010年5月第2版，98页。

2　[英]A.S.尼尔，《夏山学校》，王克难译，南海出版公司，2010年5月第2版，97页。

成长能量，对孩子伤害久远。

当下教育中最大且最隐蔽的问题，是一些家长或教师根本意识不到自己对孩子苛刻，导致其以"教育"的借口对孩子的管制随时发生，对儿童心智的成长形成无处不在的扰乱。

另有位妈妈，当她听到我这些关于应该允许孩子犯错的观点时，欣慰又自信地说，您说得对，要允许孩子犯错误，我就是这样做的。我的宝宝一岁八个月，他犯了错误，我会耐心告诉他哪里错了。即使偶尔有小小的惩罚，也要让他知道是自己做错了，妈妈才会惩罚。我采用的办法一般是打手心或者让他在墙边站一会儿，他都不会哭。

这位妈妈的话让人心惊肉跳，才一岁八个月的孩子，居然就被她整到"知道自己错了"，且打手和罚站都不哭！天知道这样下去，孩子以后会怎样。最乐观地估计，即使以后一切都看起来正常，孩子能正常上学，正常工作、成家，他的人生也是有很大问题的，因为他将必然地学会"标准"大于一切，"正确"至高无上，以苛刻、狭隘、不宽容之态对待家人和周围的人。

蒙台梭利说过，每个儿童首先都必然处于一种精神的无序期，心理活动由混乱走向有序。[1] 孩子是作为一张白纸来到世界上的，世界突然把他包围，他需要一个适应过程，内在由混沌走向清明，由无序走向有序。这就像我们突然从强烈的太阳光照下走入一间暗屋，眼睛需要适应一会儿才能看清屋里的东西一样。

孩子从来没有错，只有不成熟。用"犯错误"来评价孩子的某种行为，本身已是错误；以强制的方式改造孩子，要他符合成人要求，更是错

1　[意]蒙台梭利，《蒙台梭利幼儿教育科学方法》，任代文译，人民教育出版社，2001年5月第2版，319页。

上加错。

不许孩子"犯错误"，本质上就是在剥夺孩子的自由，这会出现两种后果：孩子有可能"听话"了，但变成了时时事事需要人操纵的小木偶；也可能更不听话了，真的是"三天不打，上房揭瓦"。

虽然两种表象完全不同，但这背后的心理机制是一样的，都是孩子的正常心理秩序被打乱了，他的"问题"就是他心理创伤的显化。

教育中所提倡的自由，并非是指我们同意孩子去做所有我们认可的事、正面的事，这些都是容易的。真正的自由是我们对于一些在我们观念中负面的事件也可以接纳和包容，所谓自由就是理解了自由的价值，就会承认没有一个孩子的过失是不可饶恕的，每个过失都是他收获经验的一次好机会，错误的经历同样有正面教育的价值。

家长或教师是否给了孩子"犯错误权"，有一个试金石，即当孩子做得不够好时，你心里是难过、生气，还是发自内心地不觉得这是什么问题，反而认为这是好事，孩子会从中得到经验，并且为此感到欣慰。

允许孩子犯错误，既是为孩子留下自我成长的空间，也是在教会孩子宽容。宽容是这个世界的润滑剂，需要从儿童时期养成。

所谓"接纳孩子"并非单指接纳孩子的优点，更重要的是接纳他的"不足"。这方面，家长要注意以下几个方面：

1. 在安全和道德的底线之上，允许孩子做一切他想做的事。首先尽量满足孩子的要求，哪怕孩子的要求看似过分、不合理，也要尽可能满足孩子的愿望。其次要允许孩子犯任何错，孩子把什么事情搞砸了，只就事论事，告诉孩子正确的做法是什么，正面鼓励，不批评不指责。

2. 不强迫孩子做任何他不愿意做的事情。比如吃饭、睡觉、和别人打招呼等，所有日常生活的选择权都要尽量交给孩子，家长对孩子要既不摆布也不评判。如果希望孩子在什么地方有所改善，家长做示范就可以。

3. 如果特别希望孩子做出家长所期望的选择，就不要让孩子在"是"与"否"间选，不要给他说"否"的机会，而要在"是"的框架里给他一个 A 与 B 间选择。比如孩子不想睡觉，你想让他睡，不要说"该睡觉了！"也不要问"现在睡觉好吗？"而要问"你打算直接睡了，还是听一个故事再睡？"总之，要给孩子一个选择，而不是给他一个命令，要让孩子感觉他有自主决断权。

人类社会已形成许多虚假的逻辑和思维方式——认为儿童经常是犯错的，有些儿童天生就是坏的，需要成年人不停地修正，就是最典型的一种——这种虚假逻辑一代又一代传递，甚至成为许多家长和教育工作者的立论前提，于是他们变得如此热爱批评和处罚。

与此相反，我们所提倡的**"给孩子犯错误权"的底层逻辑是，每个孩子都是带着神性来到世上的，都有自我成全的能量**。允许孩子进行丰富的尝试，经历不同的体验，必然包含着对于社会习俗认定的"错误"的接纳。儿童没有错，只有不成熟——只有怀着这样坚定的信念，才能自在地"给孩子犯错误权"。**给了孩子犯错误权，就是为孩子认识世界、了解自我打开了一个途径。**

警惕求完美心理的悄然渗透

　　不求完美，这不是一种懈怠，而是一种勇气。人必先征服
自己的自卑和虚荣，才有力量面对生命中的种种不完美。

　　当代家长文化程度普遍较高，它意味着家庭生活首先给了孩子良好
的教育。但也可能意味着一些问题，那就是文化程度越高或在社会上事
业越成功的家长，越有可能对孩子产生完美期待，进而产生控制心。并
不是他们有意而为，而是他们在自己的学习、工作等各方面成长中，习
惯了事事精益求精，所以会无意识地把这种求完美心理推广到家庭生活
中，尤其推广到孩子的教育上。

　　求完美心理，在成人世界中的表现往往是正向的、受赞誉的，但在
儿童教育中却变得负面，甚至是极具破坏力。

　　这种情况也曾发生在我自己身上。尽管我在和女儿的相处中能经常
提醒自己不求完美，比如我从不表现出在意孩子的考试排名，从内心来
说也真的不是很在意。但近些年反思对孩子的教育，发现自己更容易在
一些浅表的事件上对她做到宽容，而在一些较深入的问题上，也会不小
心走入求完美的误区。比如对"虚荣心"的介意。

圆圆像天下所有女孩子一样，自小就很爱美，几乎从她懂事起，对于自己买什么衣服、怎样穿就有主张。这当然是我有意培养的一个方面，我认为女孩子应该学会如何穿衣服，所以我从她两三岁起，就尽量把选择衣服的自主权交给她。

那么小的孩子当然是乱选，她可能仅仅因为喜欢一颗纽扣或一个局部小图案，就去选一件整体设计庸俗的裙子。在衣服搭配上，更没概念，经常是即兴乱穿。我会给她一些建议，但不强求，她愿意听就听，不愿意就随她的便。

圆圆长大后看小时候一些穿着艳俗或乱搭衣服的照片，会吃惊地责怪我说：我当时穿成这样，你怎么就好意思把我领出去呢！她不知道她妈妈当时也确实有点难为情。

圆圆上中学后，对衣服的选择已有了很好的判断。我们一起逛商场时，如果我发现她特别喜欢哪件衣服，而我恰好不喜欢这件，为了不影响她的选择，我会找借口走开，对她说："你先在这里看，妈妈到那边看看有没有适合我的衣服。"这个时候这样做，不是出于接纳幼稚，而是出于自知之明。第一我不是那个掌握了绝对穿衣秘诀的人；第二衣服好不好看，在某种程度上完全是因人而异的，哪怕是顶级的服装设计师，他们对同一款衣服的评价有时也大相径庭。我不需要事事让她都按我的道道来，尽管在自我感觉中，我的想法是最好的。

圆圆现在很会穿衣服，很有品位。这一方面是她的天性，另一方面也要感谢我在这方面没有太多地干涉她。假如我的审美标准总在战胜她的喜好，她可能到现在也没有这方面的感觉。

但就是在买衣服这件事上，我却也在另一层面表现出家长作风，给孩子带来很长时间的困惑。

我一直对虚荣有所警戒，觉得虚荣最坑人，所以也一直教导孩子要抛弃虚荣心。我不但经常唠叨这个观念，还把它操作成对孩子的限制。

当她想要买一些好看的衣服或名牌鞋子时，我会说衣服够穿，干干净净就行，没必要买太多。另外，质量好就行，不要在乎名牌不名牌的，没必要为虚荣买单。

我简单粗暴地把"买名牌"和"爱慕虚荣"等同起来，武断地认定她这是虚荣的苗头，一点点也不能要。当时没有细腻地体察孩子的感受，完全站在自我角度上判断，不但没给她买，还三番五次地批评她"虚荣"，给她讲一通大道理，让她无话可说。圆圆后来又给我提过几次这样的要求，我都上纲上线地这样解决了。

我清楚地记得，一直开朗活泼的圆圆，在读初中时，突然变得话少多了。我开始只是以为她进入青春期，心理越来越成熟内敛了。后来发现不是这么回事，感觉孩子内心很苦闷，并且这种苦闷慢慢表现在学习、性情等很多方面，比如成绩下降、爱发脾气等。当时我知道学校在一些事情上做得比较差劲时，把圆圆的状态全归咎于学校。

学校确实有很多槽点，让人诟病。我努力用自己的方式一边和学校斗争，一边努力保护着孩子。我的保护当然是有效的，而且初中三年很快过去，她读高中时，遇到的老师大多非常好，所以圆圆的状态恢复得越来越好。我为圆圆后来的表现而备感欣慰，却从没意识到在她灰暗的初中三年，自己也参与了对她的伤害。

大约是在圆圆读大二时，有一次，我们随便聊天，聊到她初中三年有诸多不快，圆圆提到我在那时总把她想买衣服和"虚荣心"扯到一起，讲到当时的一些细节，说着说着，居然哭起来，这让我大吃一惊，瞬间不知所措。

圆圆一直是个心地纯洁、性情平和的孩子，从小不爱哭。而这时，她都上大学了，居然会为初中时的一件"小事"流眼泪。我的第一反应是惊讶，下意识地不想承认。慢慢冷静下来，细细反思，才意识到自己当年确实是错了。

一个开始进入青春期的女孩子，本能地想要穿更好看的衣服，让自己更漂亮可爱，这是多么正常的一件事啊。而且她当时上的是一所收费较高的寄宿制学校，班里同学的家境都比较好，不少孩子都穿戴着名牌，和同学朝夕相处，怎么可能没有一点模仿之心？退一步说，即使孩子真有些虚荣，我又为什么不允许她有呢？哪怕我现在成年了，对虚荣多有警惕，其实也不能百分之百祛除虚荣。我自己都做不到的事，为什么要求我的孩子做到呢？

这件事给我带来的懊悔，随着圆圆的成长，随着我的研究和反思的深入，越来越强烈。真难想象，一个十一二岁的小孩子，在学校备受一些老师的不公正对待后，又需要用多大的努力来消化我的强权。

我为什么对孩子那样没有信任？难道多买几件好衣服，孩子就虚荣了？

而我当时对她犯下的错误似乎还不止这一件。她刚十岁，就被我们愚蠢地送到这所寄宿制学校。学校挂着某优质公立中学分校的金字招牌，却在很多方面做得粗暴又势利，给了孩子很多伤害，我又让她原本灰暗的初中岁月雪上加霜……每每想到她当时的小模样，想到她小小的心中装满的委屈和痛苦，想到她持续好久的沉默和消极，我都内心隐隐作痛，恨不能时光倒流，好去修正曾经的过失。

这样的时刻，最能安慰我的，居然也是这样的念头：**我作为母亲也可以有缺点，不要企望去做"完美母亲"。如果我期待自己是完美妈妈，本质上就不能接纳不完美的孩子。所以我要原谅自己。如果我不能先原谅自己，就无法真正原谅他人。只有允许自己不完美，才能接纳别人的不完美**——这让我的懊悔减轻好多，不再和过去纠缠，把注意力放在当下和将来，思考如何更好地与孩子相处，更好地爱她。

在我写这篇文章时，圆圆已是二十出头的大姑娘，她性格开朗，气质出众，刚从美国一所著名的常春藤盟校硕士毕业，我和她爸爸去参加了她的毕业典礼。上午参加完在中心广场举办的学校毕业典礼后，下午在她就读的学院小教堂中参加学院的毕业典礼。其中有一个环节，是给一些优秀毕业生颁发奖项。每个上台领奖的学生都会得到热烈的掌声。我一直期待着圆圆会上台领一个什么奖，但没有，她像大多数人一样，只是坐在下面为获奖者鼓掌。

必须承认，我在那一瞬间有些遗憾。但在典礼结束，走出小教堂时，我就意识到了自己的问题。

圆圆能来这样一所全球知名的大学读书，顺利毕业，已经是多么可贵的一件事。她出国后还学会了自己做饭，把自己的生活也安排得很好——这些已经该让我多么欣慰多么自豪了啊。在这样一个优秀学生汇聚的地方，为什么我还要在乎她得不得什么奖呢？我为自己的贪得无厌心生惭愧。事实上，也就是惭愧感出现时，我的幸福感才瞬间饱满起来。

这种对"求完美"越来越清晰的认识和警惕，最大化地消解了我和孩子相处时的控制欲及负面情绪。这是我个人意识形态的进步和成长，也让我和孩子的相处进入了一个新的、更美好的时期。

比如她偶尔要小脾气、因贪玩或懒散耽误了做某件事，我以前会或多或少有不愉快或有所担忧，现在则完全用正面的情绪看待这些事。并不是说这些"缺点"是好的，而是能意识到，有缺点，这是多么真实、多么令人踏实的一种情况，如果她连这些缺点都没有，那也许才是令人不安的。

不求完美，这不是一种懈怠，而是一种勇气。人必先征服自己的自卑和虚荣，才有力量面对生命中的种种不完美。放下"求完美"心理，一切都变得更加完美。

不仅在教育上，在一切人与人的相处中，包括和自己的相处，求完美都是一种思维缺陷，凡求完美，必有伤害，接纳不完美才是一种完美行为。

接纳配偶的不完美，彼此幸福又放松；接纳朋友的不完美，获得尊重和真诚；接纳自己的不完美，让自己自信而心理平衡。

不完美是构成完美生命的一部分，它是平衡力，是潜力。老子说"大盈若冲，其用不穷"，"盈"即完满，"冲"即缺憾——有缺憾才是真正的完满，才有永续发展的动力——我们越是从内心了悟了这一点，我们的生命才越是趋于完美。我们越是允许孩子不完美，孩子越会变得健全美好。

求完美是最不完美的做法

在完美期待中成长的孩子，天性被过度驯化，其作为独立的"自我"无法正常舒展，却耗散太多的精力去适应他人的要求。

我们都听说过一个寓言故事。一个贫穷的渔夫放生了一条贵为王子的小金鱼，小金鱼为报恩，答应满足渔夫夫妻俩所有的愿望。正用一个漏水的破木盆洗衣服的渔夫老婆因此不停地索取，先是要来不漏水的木盆，然后要来好衣服、好家具，接下来要豪宅以及成群的仆人和一辈子花不完的钱，小金鱼都给了她。渔夫老婆还不满足，最后竟索要当女王。小金鱼被她的贪婪震惊了，不再理她，默默游走。已成为贵妇的她一瞬间发现自己又变回渔夫的老婆，眼前摆着一个漏水的破木盆和一堆要洗的脏衣服。

每个看寓言的人都会嘲笑渔夫老婆的贪婪，但在教育孩子这件事上，很多人却不曾意识到自己正是充当了"渔夫老婆"这么个角色。

媒体曾报道了一个姓郭的年轻中国女孩自杀的事件，当时引起较大的社会反响及长时间的讨论。小郭青春靓丽，是大学里的最佳毕业生，华尔街的白领，世界顶级名校麻省理工学院 MBA，游学走访三十五个国家，在学业、商业、艺术、体育等方面都表现出色，甚至成为国内某知名教育培训机构的形象代表……她的死令人震惊，这样一个优秀的女孩子，没有理由自杀啊，为什么？

人们对她的自杀原因有种种猜测，但那些原因，也许只是压死骆驼的最后一根稻草，根本的原因，藏在她自己写下的这些文字中："我非常精确地按照父母的旨意在二十六岁生日那天办完了我中西合璧的婚礼，并开始准备完美的二十八岁在顶尖商学院生小孩的计划。生活到这个时候，虽然很辛苦，但一直都是所谓的完美。然而，关上门回到家里，问题却非常深刻。"据媒体报道，小郭的父母都能力非凡，对女儿一直要求甚高，所以我们可以想象小郭是如何一步步走进死胡同的——当一个人一直被要求完美，连哪年结婚、哪年在什么地方生孩子这样不可预期的人生大事都要按父母的"旨意"精准完成，她如何能和不完美的自己相处？她被驯化到只是为"优秀""完美"活着，家门外得到的赞誉和回家关上门自己的感觉，无法统一到一个身躯里，这种分裂的痛苦，让她选择以决绝的方式结束自己的生命。

小郭最后留下的文字是："一切都不管了，我再也不要被人唾弃地以他人的标准去循规蹈矩地爬了。"她的自我评价之低，外人无法想象，"被人唾弃""循规蹈矩地爬"，她对自己何等不满意！

这是个悲剧，我们可以理解她父母的悲伤，同情他们的不幸，但一个年轻而美好的生命一步步走上绝望的悬崖，却让我们不能不反思其中的症结所在。

教育的目标是要尽可能让一个孩子优秀，但教育最要提防的是求完美心理。

"求完美"之所以是一种破坏性的教育行为，在于它是一种反自然行为。

大自然原本赋予每个孩子以成长的正能量，只要生长条件正常，孩子都会正常表达，健康成长。不同的孩子表现出不同的特点，教育首先要做的是尊重这些特点，而不是强行把孩子摁进由成年人设计的理想模具中。

在完美期待中成长的孩子，天性被过度驯化，其作为独立的"自我"无法正常舒展，却耗散太多的精力去适应他人的要求。几乎是从刚刚懂事，他们就有一个宿敌——"邻家的孩子"——人家聪明懂事性格开朗，有礼貌习惯好，功课门门都出色，既会弹琴画画，又会下棋打球，既懂得如何花钱，又懂得如何节俭，上名校，事业有成，孝顺父母，婚姻美满……

"邻家的孩子"作为标杆处处衬出了自身的不完美，让人自惭形秽，内心冲突不断，正常心理秩序被破坏，气场混乱，负能量越积越多——这样的人，最终也许会取得世俗意义上的"成功"，在别人看来也许很完美，但其内心世界则不柔和不自在，是僵硬的、冲突的，较少体会到生活的幸福。像上面提到的小郭一样，他们被洗脑到永远不会对自己满意，经常感觉活得"很辛苦"。

但哪怕是这表面的光鲜，也只属于少数人，更多的负能量太多的孩子不但不能获得世俗意义上的"成功"，作为自然人的属性也被严重破坏，大部分成为人们眼中的窝囊废、失败者。

站在教育的出发点上，没有一个家长会承认自己要培养完美小孩。在话语层面上，所有的人都会赞成"宽容""接纳"等理念。但在实际生活中，不少人却很少接纳孩子的"毛病"，见不得孩子身上的"缺点"。

孩子活泼，他认为不够安静；孩子安静，他嫌缺少运动；孩子喜欢到外面运动，他又要求他坐下来画画；孩子喜欢画画，他希望孩子也喜欢唱歌；孩子喜欢唱歌，他要求他游泳也不能差；孩子音体美样样行，他还希望孩子功课好；孩子功课好，他要求孩子学会做家务……如果家长不知自己是否求完美，读到这里请扪心自问，我允许过孩子哪些方面的不足？

就在我写这篇文章时，我在微博发了一条不要对孩子"求完美"的建议。有位家长在后面留言说："我从不要求女儿完美，真正困扰我的是怎么让孩子不要对自己要求完美。女儿三岁，做错事不敢和我说，怕我生气不喜欢她，有时做错事我说她，她就哭着让我别说了。"

这位家长没有意识到他自己正是"求完美"的代表，我们完全可以从他的留言中推断，他对孩子何等不宽容。才三岁的孩子，有什么事可以称之为"错事"呢？打坏东西是错吗？说句脏话是错吗？把牛奶洒在地毯上是错吗？不吃某种蔬菜是错吗？……如果不是平时家长处处挑剔，不原谅孩子的各种小过失，并经常用喜不喜欢来威胁孩子，这么小的孩子，怎么会对家长是否爱自己忧心忡忡？怎么会经常意识到自己做了"错事"，并哭着求家长不要再说呢？

很多家长之所以像这位家长一样，不知不觉中陷入"渔夫老婆"的思维困境。**他们忘记了他们面对的是一个幼小的孩子，他们不是用爱和理解和孩子相处，而是以成年人标准和社会标准来要求孩子，误以为这是教育，是培养。**

求完美的潜台词是：你要事事都做得如我所愿，我不接纳你的任何不足和过错。所以伴随求完美的，必定是事无巨细的要求和各种各样的目标，以及为实现这些"要求"和"目标"而派生出来的烦琐苛刻的指导、法则。这种情况特别容易发生在强势父母身上。

"求完美家长"和"强势家长"几乎是同义词，这样的家长，他们主要关心自己要培养怎样一个人，不断以成年人的强势改造孩子，较少关心或根本不关心孩子作为自然人的天性和需求——破坏就这样形成了。

过度求完美，是教育中的欲望癌症，会演变出一系列问题。所以我们可以注意到这样一个事实：孩子的无力感总是和父母的强势呈正比，父母越强势，孩子越懦弱。

"求完美"不仅发生在家庭中，也同样会发生在学校里，"渔夫老婆"现象同样会发生在一些教师身上。

有位家长说她一直对八岁的儿子很满意，在生活方面，孩子很自立，早上闹钟叫醒，自己会做早点，平时看到父母忙，还会帮着干家务。学习上不用家长操心，成绩一直很好。课余时间爱阅读，爱玩游戏，且性格开朗，礼貌懂事，在学校和同学关系也不错。

但是有一天，孩子的老师找家长谈话，说虽然家长对孩子非常用心，可是孩子在学校并不是家长以为的那样，孩子应该更加出色才对。

家长很吃惊，忙问孩子有什么问题，老师说这孩子上课好像没有激情，对一些简单的问题毫无兴趣，对于一些难度大的问题又积极得不行。现在的课堂作业比较多，下课了老师要求同学们做完作业再出去玩，他儿子却一下课就往外跑，回来又发现作业没做完，然后就慌慌张张地赶作业，写得不认真，不是发自内心去做，好像是做给老师看的。而且这孩子好像能猜透老师的心理，知道老师有时候表扬他的目的是什么。总之，老师觉得这孩子很聪明，却不是一个踏踏实实的人，很浮躁，希望家长配合，给孩子一些挫折。

在一个天性纯美又聪慧的孩子面前，这样的老师显得内心多么低级。"不踏实""浮躁"的大帽子，不过是老师潜意识中企图压抑孩子个性的借口而已。即使一个孩子真的有某些小问题，但他能做到在家里、学校里都不用父母和老师操心，并且懂得尽力配合老师，这已经是多么难能可贵！为什么还要他"应该更加出色"，并且为了这个目的而要人为地给孩子一些"挫折"呢？

不少学校老师会对某个比较出色的学生说这样一句话："因为你平时表现很好，所以才对你有更严格要求，这是为了你更加出色。"我们相信大多数说这句话的老师没有主观恶意，他是想扬鞭策马，让孩子更完美。但"更加出色"的期许实质上是一种贪婪，是得寸进尺。不必做太多的分析，只要反过来想一想，某单位领导对一个工作十分努力的员工这样说话行不行，或是配偶的一方对另一方这样说话行不行？

孔子说："中庸之为德也，其至矣乎！"即中庸这种道德应该是最高的。用这句话来确立一个恒常的教育标准即：孩子不需要做得更好，在大部分事情上做到"大概齐"就很好，就是完美。

人是有灵性的生物，人之所以成为万物主宰，就在于其独立性和丰富性。每个人带着不同的性格、爱好和使命来到世上，而且所有的人都能量有限，只能在某一个或某几个方面做得好。**面面俱到地撒花椒盐，事事都不甘落后，反而到头来在所有的事情上都平庸无奇。**

如果陈景润的爹对他说，你不能光是数学好，活在世上还要会和人交往，报个口才训练班吧；赵本山的爸对他说，你会模仿惟妙惟肖，能逗别人笑，那能当饭吃吗，还是把心思放到功课上吧；牛顿的妈对他说，仅仅功课好那是书呆子，从今天开始练习做家务，每天必须洗一次碗……这世界是不是很灰暗？

不要说你的孩子成不了陈景润、赵本山、牛顿，你不是上帝怎么知道几十年后的事？但你真的可以代表上帝赐福给自己的孩子，办法就是**用赏识的目光滋养他，而不是用求完美的眼光挑剔他。**

我们会羡慕一些人的潇洒，不论遇到什么，他们都可以微笑面对，坦然地说一句：没什么大不了的……他们的生命可能会有风浪和波折，却不会出现"渔夫老婆"的失控和溃败，而始终像王一样具有主宰的力量，他们活得优雅、尊贵而幸福。这样一种潇洒，不可能凭空产生，它必须有一种生长基础——那就是**从童年时代起，他们从成年人那里学会了包容，学会了正面看待一切事情。他们是自信的，有容量的，他们不苛刻，因而他们的天地分外宽广、分外和谐。**

习惯的对立面也是习惯

　　儿童的"马虎"是一种非常正常的现象，是学习、生活中最不值得一提的小问题，是他们走向精细必不可少的提示。成年人如果不曾忘记自己也曾幼小过，就不应该忘记自己也曾马虎过，回头想想自己的成长，到底是严苛的责难让我们立即变得细致，还是宽容和时间帮助我们慢慢完善？

　　小时候看过一个故事，说某乡镇来了一位江湖医生，称其专治罗锅，百分之百能把驼背弄直了，不直不要钱。有家人的儿子自小驼背严重，带来医治。江湖医生的工具是两扇门板，方法是把病人夹在门板中间，再找两个大汉在上面用力一压——病人的背确实直了，不过气也断了。病人亲属不答应，要告官府，江湖医生辩解说，他只管治罗锅，不管断不断气。

　　没有人认为这样荒诞的故事在现实生活中真会发生，事实上，夸张的寓言在现实生活里从不缺少照猫画虎的对应，就像"皇帝的新衣"古今中外一直上演着一样，"门板治罗锅"也处处发生着，尤其在教育中。用不管不顾的错误方法来强行培养孩子的"好习惯"，就是典型的一种。

有一对父母，认为培养孩子良好的学习态度非常重要，所以从女儿上小学一年级开始，就对作业的质量提出了严格的要求，要求必须整洁、正确。妈妈天天细心检查孩子的作业，做错的当然毫无疑问要重做，写得不规范的字也必须重写。为了提高女儿写作业的认真度，妈妈规定每天检查出的错误不能超过规定数，如果超过了规定数，或因反复改正致橡皮把纸擦破了，就把这一页撕了重写。为此，孩子没少哭过，父母则绝不退让，甚至为此动手打过孩子。

在父母的严格管理下，孩子写作业的好习惯养成了，所有作业本不但整齐干净，而且几乎没有一点错误，全部是红色对钩，经常得到老师的表扬，甚至被当作范例，让全班同学传阅。到后来，即使妈妈不检查，孩子自己也不允许作业有错，如果觉得哪页没写好，会主动把它撕掉重写。为减少返工，孩子在写的时候总是非常认真，所以很慢，一个小时的作业经常要写两个小时，因此几乎没时间玩耍，也没时间阅读。

女孩上初中后，学习难度增加，作业也多起来，而且，由于她一直以来只注意作业在书面上的整洁与否，不习惯思考，所以面对一些较复杂的作业，不知所措，没有能力应对。这种情况下，女孩经常写作业到晚上十二点以后，睡眠严重不足，心理上也越来越焦虑。最令孩子痛苦的是考试，卷子上经常有不会做的题，而且因为写字慢，经常发生因做不完考题而丢分的情况，考试排名急速下滑。

一个在作业上都不允许自己有错的孩子，怎么能接受成绩排名每况愈下呢？女孩开始变得厌学，发脾气，妈妈这时才意识到孩子养成的"认真习惯"是个问题，开始劝孩子不必把作业写那么整齐，可以凌乱点，可以有错，不会做的就别做了。但孩子在整个小学期间形成的习惯已根深蒂固，并不是自己想改就能改的，只要发现作业有错，就难以接受，甚至表现出恐慌。心理问题反映在生理方面，年仅十二岁的孩子开始严重失眠，每到周一早上，分外焦虑，甚至发生过几次晕厥，经常请病假，后又出现暴饮暴食和厌食症交替的现象，和父母的冲突也越来越严重。

勉强读完初一，从初二开始，孩子断断续续休学。父母一直试图通过找家教补课、给孩子讲道理等方式解决问题，都无济于事。到初三时，功课压力更大，女孩彻底崩溃，无法再到学校。父母带她去医院看心理科，被诊断为抑郁症，跑好多医院进行治疗，毫无起色，状态越来越差。现在女孩把自己完全封闭在家里，不和父母说话，也不和外界交流，只能做最简单的手工，像智障儿童一样简单地生活着。

这对父母，打死也不会承认自己是那个可笑的江湖医生。确实，表面看来，他们和江湖医生没一点相似。终极目的不一样，责任感不一样，对对象投注的感情不一样，无私程度不一样……但有一点是一样的：他们都是以简单粗暴的手段去实现一件需要精细处理的事，在最糟糕的结果出现之前，他们在意的，或者说有能力注意到的都是自己热衷的目标，而毫不在意方法的正确与否，不注意手中所操控对象的痛苦及承受力。所以得到的结果也有共性：取得了一个短暂的、表面看来令人满意的效果，却永久地损害了一个人。

培养孩子的"学习好习惯"和"生活好习惯"，树这样一个目标是件非常容易的事，但如何培养、在培养中什么可为什么不可为，却是件需要去用心用力思考的事。下面，对一种典型现状进行分析。

现在有很多家长或教师为了培养孩子在学习上认真的好习惯，都会这样对孩子说：在考试上，我可以原谅你因为不会做题而丢分，不能原谅你因为马虎而丢分——相比单纯向孩子要成绩的家长，这样说话的父母似乎在教育意识上上了个台阶，他们知道，在学习上，好习惯胜过好成绩，而"认真"是个好习惯，所以向孩子提出不许马虎的要求。但这样一种培养"好习惯"的做法和上面一种没有本质差异，貌似合理，但都属于门板治罗锅的范畴。

孩子考试丢分，不外乎两种原因：不会做或不小心做错了。按家长这样的要求来评判这两种丢分情况，没学会倒是比学会更好——如果一次考试不足以让人想明白这个问题，我们把这种情况放大了来看——假设两个孩子，张三和李四，一直是同班同学，在整个学期或整个学年甚至在整个中小学期间的每门课上，张三只能会学 70% 的知识，但可以百分之百把它落实到卷面上，李四学会了 90% 的内容，因为马虎，总让成绩打些折扣，每次得分和张三差不多。那么请持有这样逻辑的家长诚实回答一个问题：在成绩相同的情况下，你宁愿你的孩子是那个学到 70% 知识的张三，还是那个学到 90% 知识的李四？

这个问题可能会引起这样的反驳：这样的假设不存在，一个孩子只要养成认真的习惯，他眼下可能有些知识学不会，但从长远来看，一定会胜过那个聪明但不够认真的孩子，他不可能总是只能学会 70%——此言有理，同时也说明，你的终极目的并非意在培养一个知识量比别人少的孩子，而是要培养一个有认真习惯、能把学业做到最佳程度的孩子。即你真正想要的，不是张三在知识量上的不足，而是他能做到的"效益最大化"，你心底有一种确信，只要坚持不允许孩子马虎，他就能做到既"学得会"又"考得好"，最终，认真的张三一定会超过马虎的李四。

那么我们接下来要探讨的问题就是，不许马虎的要求有利于达成这样的目标吗？

心理学和生活常识早就告诉我们，一个人做某件事的精细程度和熟练程度有关，粗糙和失误是万事开始阶段的必然，只有经历过失误，并在失误中不断总结经验，才能越做越精准。

儿童由于年幼和背景知识不足，各种"过失"行为是非常正常的现象，只要环境正常，孩子都会慢慢成熟起来，越做越好。正如学走路，开始跌跌撞撞，却完全不需要人为解决。不把这看作是问题，它就不是问题，把这看成是问题，才会制造出问题。如果家长不体恤孩子的幼小，孩子每摔倒一次，家长总批评为不小心，表示出不满，这就会给孩子带来扰乱和困惑，增加他的心理负担，延宕他的成长。美国著名教育家杜威说过："生长的首要条件是未成熟状态。"[1]所以他认为，儿童写作业，做错也是一种作业设计要素。这并不是因为错误是件好事，而是因为如果太热心选择不准有发生错误机会的材料和工具，就会限制学生的创造精神，使学生的判断力减至最小，使他们在能力的获得上收效甚微。[2]

所以，西方教育学特别强调要给孩子"试误"的机会，这也正是中国人常说的"失败是成功之母"。

功课学习更是件需要精细处理的事，需要动用智力、兴趣、毅力和情感等共同协作完成，单一的"认真"不存在，也不可能完成这样复杂的事件。**如果一个孩子在学习上总因为马虎而挨批评，他就会自动进行调整。**

首先，由于人的注意力有限，儿童的注意范围更狭窄，能量十分有限，如果把注意力投注在对错问题上，对思考和探索就无暇顾及。而注意力如何分配，也是一种习惯养成。久而久之，不出错的习惯可能培养出来了，不善思考、缺少探究兴趣的习惯也培养出来了，一个人坐监狱时间再长也不会习惯坐监狱，如果说他已习惯了在监狱中，打开铁门也不迈出去，只能说明他的希望和心智已被摧毁，他已是体力和思想的双重衰竭者，像前面提到的女孩子一样。

其次，人都是趋利避害的，如果一个孩子不断接收到"你可以笨，但不可以错"的信息，且一再地因为马虎挨批评，他会在潜意识里自动

1 [美]杜威，《民主主义与教育》，王承绪译，人民教育出版社，2001年5月第2版，49页。

2 [美]杜威，《民主主义与教育》，王承绪译，人民教育出版社，2001年5月第2版，214页。

降低自己的智力水平，让自己真的不会，以逃避失误带来的指责。这种逃避的后果，不但阻碍了他的智力发展，同时也降低了自我认同感。孩子原本是喜欢自己聪明的，感觉自己聪明能给一个人带来自信。对自己智力上的信任和对学业的兴趣，是保证孩子在学习上投注感情和毅力的重要前提，没有这种信任和兴趣，想要获得杰出的知识成就是不可能的。只为不出错而获得的荣誉非常肤浅，无法给予孩子长久的自信，也无法让孩子对学习本身产生真正的兴趣。

再次，经常批评孩子马虎，是一种贴标签行为，会给孩子一种负面强化，让他觉得自己就是个"粗心大意"的人，这种自我心理暗示十分强大，会影响到他的行为表达，真的变得越来越粗糙，这又会招致家长越来越多的批评。尽管出于家长的压力，孩子会屡屡保证以后不马虎，但在潜意识中会反抗这种要求，产生情绪上的逆反。在不良自我暗示和反抗情绪中，他会变得更马虎，甚至破罐破摔，把马虎固化为自己的一种特点，直至完全丧失自我修正的力量。

一个在学习上没养成思考习惯和探究兴趣、不自信或一直马虎的孩子，你能指望他学业出众吗？

儿童的"马虎"是一种非常正常的现象，是学习、生活中最不值得一提的小问题，是他们走向精细必不可少的提示。山路本身不是顶峰，想要到达顶峰，山路上的跋涉一步都不能省略。一个孩子，只要心理正常，都有自我完善的能力。成年人如果不曾忘记自己也曾幼小过，就不应该忘记自己也曾马虎过，回头想想自己的成长，到底是严苛的责难让我们立即变得细致，还是宽容和时间帮助我们慢慢完善？我们说某人具有某方面天才，只是意味着他有这方面潜能，并非一出手就能达到完美，所谓"出手不凡"也必须有相关经验的积累，儿童则更需要这种积累。

教育家杜威认为，习惯的养成是由于我们天性所原有的可塑性。儿童的可塑性完全不同于泥巴或蜡的可塑性，它并不是因受外来压力就改变形式的一种能力。儿童的可塑性必须以他自身从前的经验为发酵剂，经验中的成功或失败作为一种成长训练，催化了儿童改变自己行为的力量。没有这种力量，获得习惯是不可能的。[1]

当然，有的孩子确实表现出一以贯之的马虎，这应该和天性有关。孩子与孩子间确实有差异，不同的表现背后有不同的原因，天赋和训练等都可能成为影响因素。它是由不得孩子自己决定的，也不需要用人力进行过分的改造。孩子原本该是个天才的画家，你却一直训练他把数学题做到最好，到头来很可能他数学学得很平庸，绘画天才也没了，这到底是教育的成功还是失败？不成熟的生物都有很强的调适能力，不成熟的儿童当然可以适应家长不许马虎的要求，但这种习惯是以消灭正常天性为代价。

把培养习惯做成强制习惯，常常反映着成年人缺少对儿童的体恤之心。这种不体恤，在教育中随处可见。

比如有些家长，他们很在意上幼儿园的孩子能不能做到上课时乖乖坐着不动，认真听老师讲课。他们并不在意孩子在幼儿园学到了多少"知识"，在意的是孩子能不能养成上课认真听讲和遵守纪律的好习惯，并认为这种"好习惯"如果在幼儿园没养成，以后上小学、中学就很难纠正过来。也有家长不希望孩子一会儿玩这个、一会儿玩那个，要求在某个时间段只能玩一种玩具或看一本书，以期培养"专注"或"爱钻研"的好习惯。

天知道这些奇怪的逻辑是怎么推导出来的，种种对"习惯"的浅薄认识和培养，不过是胡乱作为，只能给孩子带来扰乱和压力，破坏孩子

---

1 [美]杜威，《民主主义与教育》，王承绪译，人民教育出版社，2001年5月第2版，52页。

正常心理秩序。不但让孩子的童年在紧张和压抑中度过，还给他们埋下一生的心理健康隐患。

我曾听一位找我咨询的家长谈到她小时候的生活，她妈妈是医生，有洁癖，家里收拾得一尘不染，甚至床罩都铺得一丝不苟，有棱有角。母亲严格培养三个孩子的卫生习惯，她记忆中母亲总是不停地说两句话，"别动那个，脏！""洗手去！"她和姐姐弟弟偶然玩得高兴，不小心靠一下床，把床单弄皱一点点，也会遭到妈妈的训斥。找我咨询的这位家长其实是为她已经读高中的儿子的问题来的，她看起来是个非常精明强干的人，听起来事业干得不错，整个人收拾得很有品位，应该属于那种活得很好的人群。但她觉得她的人生很失败，抱怨老公和儿子，认为这失败是他们带给她的。从她的陈述和表现中我可以明确地看到，她的痛苦和焦虑，都和她的童年生活有关，是母亲的严格带给她的后遗症。她的母亲眼里只有整洁，没有孩子；只看到物理秩序，看不见人的情绪。在这种影响中长大的她，把这种习惯照搬到了自己的生活中，不仅对自己要求严苛，还一心要改造老公的坏习惯，培养儿子的好习惯，到头来却发现每个人都活得又累又不幸福。从她的陈述中我听到，她的姐姐和弟弟成年后的家庭生活都不太幸福，姐姐离婚，弟弟和配偶及孩子的关系也很紧张。

"心智习惯总要形成，不论其是好是坏。"[1]习惯的培养如果不是首先基于接纳，而是首先急于改造，损害几乎是必然的。因为人不是物，人是有灵性的，一个人就是一个完整的世界，潜藏着无比丰富的独特性。遵循规则的开发和建设会让其焕发生机，不尊重其天性的胡乱开采只能导致生态失衡。

1　[美]杜威，《我们怎样思维·经验与教育》，姜文闵译，人民教育出版社，2005年1月第2版，79页。

　　总之，习惯无处不在，无论好习惯还是坏习惯，没有一种习惯会孤立存在，习惯的对立面也是习惯。门板治罗锅的短视行为在教育中最应该避免。好习惯的养成，首先是理解的问题，然后才是培养的问题。

第二章

严厉教育是危险教育

儿童是脆弱的，成长只需要鼓励，不需要惩罚，一切严厉和惩罚都隐藏着某种伤害。父母不仅要放下手中的棍棒，更要放下心中的棍棒。

严厉教育是危险教育

儿童是脆弱的，成长只需要鼓励，不需要惩罚，一切严厉和惩罚都隐藏着某种伤害。父母不仅要放下手中的棍棒，更要放下心中的棍棒。宽容而饱含真诚的教育，总是最美、最动人的，对孩子也最有影响力。

教育学和心理学对于严厉教育所带来损害的研究已经很成熟了，但时至今日，人们对严厉教育的破坏性仍然没有警觉。在我们的教育话语中，人们仍然特别愿意谈规矩，很少谈自由。青少年出了问题，都归结为家长管得不严，太溺爱；相反，如果青少年成长得比较优秀，尤其在某个方面做得出色，会归功为家长和老师的批评和打骂。

这样的归结非常简单非常肤浅，但越是简单肤浅的东西，越容易被一些人接受。于是，一顿"要么好好弹琴，要么跳楼去死"的威胁可以让孩子成为钢琴家，一根鸡毛掸子随时伺候可以让孩子上北大，一通把孩子骂作"垃圾"的侮辱可以逼孩子考进哈佛……诸如此类的"极品"行为最容易得到传播。甚至一些专业教育工作者，也会一边谈尊重孩子，一边毫无愧色地宣扬棍棒教育。

在某个场合，有一位教育专家侃侃而谈，他说孩子可以打，但要艺术地打。闻此言，我当时就很想请这位专家解释一下，什么是"艺术地打"？并希望他示范，最好让他扮演那个挨打的儿童，那么别人艺术地打他一顿，他是否很受用？做人最基本的"己所不欲，勿施于人"在谈论儿童教育时，怎么就不成立了呢？

人们不肯往深了想一想，严厉教育如果真能让孩子优秀，天下将尽是英才。成年人想收拾一个孩子还不是容易的事嘛，谁都会！既威胁不到自己，又能把孩子教育好，省心省力，痛快淋漓——可教育是件"秋后算账"的事，虽然儿童的缓慢成长给了一些人以暂时的幻觉，但栽下罂粟不会结出樱桃，恶果不知会在哪个枝条上结出。

有位家长，听人说孩子有毛病一定要扼杀在摇篮中，所以她从女儿一岁多，就在各方面对孩子进行严格的管教。如果孩子不好好吃饭，妈妈会把孩子碗中的饭全倒掉；如果孩子不好好刷牙，家长会把牙刷一折两半，丢进垃圾桶；孩子不好好背古诗，就用戒尺打手心……在家长的严厉教育下，孩子确实被训练得很乖，按时吃饭，认真刷牙，会背很多古诗。但她发现，刚刚三岁多的孩子，一方面表现得胆小怕事，到外面都不敢跟小朋友玩；另一方面在家里脾气又很大，且表现出令人不可思议的残忍。比如虐待家里的小猫，把猫尾巴踩住用脚跺，或用沙发靠垫把小猫捂到半死，看小猫痛苦的样子，她则表现出满足的神情。一般小女孩都喜欢芭比娃娃，她则对这些娃娃好像有仇，动不动就肢解芭比娃娃，把娃娃的头和四肢揪下来，甚至用剪刀剪破。妈妈不能理解，她的孩子怎么这样。

儿童天性都是温柔善良的，如果说一个孩子表现出冷酷和残忍，一定是他在生活中体会了太多的冷酷无情。媒体不时地报道家长虐待孩子或子女虐待老人的事件，手段之恶劣，令人发指。同时，追究一些恶性刑事案件的犯罪分子的成长史，几乎全部可以看到他们童年时代经历的极端严厉的家庭教育。可以说，几乎所有的极端残忍者，都有一个精神或肉体严重受虐的童年。

经常被苛责的孩子，学会了苛刻；经常被打骂的孩子，学会了仇恨；经常被批评的孩子，很容易变得自卑；经常被限制的孩子，会越来越刻板固执……"身教重于言传"是教育中的一条被时间和无数事件验证过的真理性的结论，**严厉教育本身也是一种示范，如果成年人经常性地对孩子拿出的是批评和打骂，怎么能培养出孩子的友善与平和呢？**

教育中任何粗暴严厉的做法都是没来由的，它在人类千百年来积累的教育智慧中没有任何根基和来源，在现实生活中也没有任何道德基础。是否认同打孩子，是块试金石，可测验出人们在教育上的认识水平。

某次我在一所小学遇到一位获得过不少荣誉、以严厉著称的老师，她当时还没有孩子，谈到现在问题儿童越来越多，她语气恨恨地说："我不能保证我的孩子将来学习好，但我能肯定他的品行一定没问题。我绝对不会溺爱他，如果他敢不听我的，做一点点坏事，打死他！"我在那一瞬间立即为她将来的孩子担忧极了。

不少所谓的教育专家、学者、名师，他们不能把专业知识和智慧打通，尽管在口头上也提倡"尊重""平等"等概念，但在他们的逻辑中，儿童是无知、莽撞、没有规则的；成人则是得体、有序、正确的，所以成人有义务帮助儿童建立规则，并把他们天性中带来的毛病和错误消灭在萌芽中，防止原罪扩散——这样的认识已包含了严重的不平等，所以在他们真正面对孩子时，几乎不可能产生尊重心理，只有居高临下的控制心理。

我还看到一篇教育学博士写的文章《怎样打孩子》，所支招数为：第一，打孩子不能带有愤怒；第二，不能用手打，要用棍子打；第三，打之前要用语言交流，说明为什么打、打几下；第四，要心怀大爱地去打——

想想啊，一个成年人怀着一腔爱，提着棍子，没有愤怒，心平气和地计着数打一个孩子——这要多变态才能做到呢！一件事，如果大前提是错误的，没有一个小手段值得肯定，这正如有人写《做小偷的十大技巧》，写得再好，也是在丢丑露怯，应该受到鄙视和唾弃。

我猜测，这位博士也是童年家暴的受害者，童年创伤深入骨髓，不平等感和自卑感成为植入他体内的不可分割的一部分，以至于成年后，尤其取得一定成就后，潜意识出于对不平等和自卑的反抗，必须想办法拔高自身，甚至是缺陷的部分也努力美化为优点。童年屈辱被粉饰为方式特别的父爱母爱，家暴伤痕于是演绎成他心中值得炫耀的文身。即使从事了教育研究，学习了很多专业知识，也褪不去严厉教育的底色，走不出粗暴教育的意识框架。这种情况非常多，在很多"成功人士"身上都表现得很典型，当他们回首成长经历时，会忽略那些真正助他们成功的要素，却特别喜欢拿儿时挨打受骂来说事，并会真正地热爱上严厉教育。这真是个很有趣又令人感叹的现象。

学问和生活不接轨在很多行业都存在，在儿童教育方面显得尤为突出。科技已进入二十一世纪，不少人的教育意识还停留在蛮荒时代。

现在，棍棒教育的支持者动不动就用"中国传统教育"来说事，这真是对中国传统文化的歪曲和糟蹋。事实上，"不打不成才"之类的说法，不过是流传于民间的一种恶俗说法，是以讹传讹的"谣言"。从古至今，中国历史上没有一位圣贤说过孩子应该打。恰恰相反，**中国传统文化讲的是"上善若水"，提倡的做法是"亲有过，谏使更，怡吾色，柔吾声"，即家人之间提意见，应该和颜悦色地说，而不要声色俱厉地指责。**

"棍棒教育"不过是一种精神底层的认识，是中国传统文化中的糟粕部分，登不了大雅之堂。可以这样定义：打骂孩子是无能教育和无耻教育。

近年有人把"虎妈""狼爸"式的严厉教育当作中国传统教育来炒作，

这除了给中国传统教育抹黑，坑一小部分糊涂家长，伤害一部分孩子，对人类进步没有任何正面贡献。低俗的街头杂耍即便搬进最有名的剧院，也不可能真正赢得观众，粗陋的表演只配得到片刻稀疏的掌声，被抛弃是必然的结果。不美的东西不会有长久的生命力。

放不下严厉教育的人，真正的原因是潜意识放不下心底深处莫名的委屈和恨意。这就是为什么从小经历了打骂教育的人，往往正是棍棒教育的支持者，经常严厉对待孩子的老师或家长，他们自以为在"教育"孩子，其实只是在发泄自己从童年起积淀的恨意。 像一位网友说的：有些人小时候常挨打，痛恨父母打自己，长大了发誓绝对不打孩子，可做父母后还是会打小孩，因为他们根本不知道正常生活是怎样的。推翻父母不难，但修补父母刻在自己童年里的缺陷，非常不易。

所以，所谓的"严厉教育"，根本和教育无关，不过是成年人某种性格缺陷的遮羞布，仅使得他们在对孩子施行各种惩罚时心安理得。

比如有位家长，他听到自己年仅三岁的孩子说了一句脏话，抬手就给孩子一个嘴巴子，其理由是要把孩子的坏毛病扼杀在萌芽状态。一句脏话和一个耳光相比，到底哪一个更令人难以忍受？一个懵懂顽皮的孩子和一个恃强凌弱的成人，哪一个更让人生厌？孩子随口说句脏话和成年人随意打人，谁的道德素养更差？

"虚伪和粗暴总是结伴而行。"道德伪君子往往是道德洁癖的重症患者，在面对孩子时，内心既不诚实又苛刻。

孩子偶尔说句脏话需要惩罚吗？幼小的孩子甚至连什么叫"脏话"的概念都没有，模仿和尝试又是儿童的天性，所以环境中有人说脏话，孩子可能会模仿，但这和他长大会不会说脏话一点关系都没有。

我女儿圆圆小时候，有一天在家突然说一句脏话，大约是跟幼儿园哪个小朋友学来的。说完了，她自己一下子不好意思了，显然小小的人儿已经意识到这句话不太体面，羞涩地一下扎在我怀里，哼哼唧唧地不肯抬头，当时的样子实在可爱。我和她爸爸并没有追究她从哪里学来的，我们只是哈哈一笑，然后告诉她，爸爸妈妈小时候也说过脏话，没事。听我们这样说，她才释然。

我们这样做，并不是在纵容孩子，而是在用心理解孩子。童年时有几个人没说过脏话，一个情感和智力正常的孩子，自然会对各种行为的好坏慢慢形成自己的判断。只要家长不说脏话，不以负面眼光看待孩子，孩子内心平和，他不会对说脏话一直有兴趣的。或者说即使是成年人，谁能保证自己在某些情绪下永远不说一句脏话？那么我们为什么要不切实际地要求孩子呢？

对儿童不宽容是教育之罪，是一代又一代人互相折磨的精神传染病，时至今日，更有蔓延之态。很多人虽然从小被规矩所限，被严厉所苦，被粗暴所折磨，长大了却特别害怕对孩子宽容，更热爱惩罚。并在对孩子施行各种惩罚时心安理得，甚至美化惩罚，当你和他谈宽容时，他说那是对孩子的纵容。

宽容和纵容，这是完全不同的两种东西，截然相反的两种态度，它反映的是家长内心的品质。宽容是如水的温柔，深邃而清澈，可洗涤污渍；纵容是粗鄙的窃笑，谵妄而自私，会埋下祸患。它们是良药和毒药的区别，会造成疗愈或毒害的不同后果。

只要父母尊重孩子，不以负面眼光看待孩子，孩子内心平和，就一定能发展出正常的情感和智力。而一个情感和智力正常的孩子，自然会对言行的好坏形成自己的判断，不可能对说脏话有长久的兴趣。

孩子没有错，只有不成熟，如果你动不动认为孩子"错了"，那是你自己错了；如果你遇到的孩子是屡教不改的，那是你所提要求不对或一直在用错误的方法对待他。要相信教育是件"桃李不言，下自成蹊"的事，需要"随风潜入夜，润物细无声"地解决。苏联教育家马卡连柯说过："如果家庭生活制度从一开始就得到合理的发展，处罚就不再需要了。在良好的家庭里，永远不会有处罚的情形，这就是最正确的家庭教育道路。"[1]

这里所说的"良好的家庭"并非永远一团和气，而是有矛盾也总能得体地解决。不少人对我从未打过孩子表示惊讶，然后归因为我的女儿分外乖。事实是，我在和女儿的相处中，也有小冲突，但我从不在孩子面前纵容自己的情绪，经常是自己先退一步，想想在哪里没好好理解孩子，自己应该如何改变，从自己身上找问题，而不是总把问题都推到孩子身上，更不用惩罚的方式来解决。所以，并不是我的女儿比一般孩子乖，而是她像所有的孩子一样乖，天下的孩子都很乖，没有一个孩子是需要用打骂来教育的——只有成人对儿童有这样的信心，他才能放下心中棍棒，继而放下手中棍棒。

尽管严厉教育的恶果一再显现，但人们惩罚孩子的念头却挥之不去，甚至是恋恋不舍。

现在又有人提出"惩戒教育"的概念。从字面上看，这比棍棒教育温和，又比溺爱教育严肃，介于两者中间，正是恰到好处。但在这个事上，我还是请大家往实处想一想，不妨模拟一下，谁能演示出惩戒教育与严厉教育的不同？事实上我没看到任何一个提倡惩戒教育的人对此给出准确的定义或建议，也没有任何一个人给出得体的案例或可操作的示范，大家只是在那里喊一个新名词而已。所以我不赞成"惩戒教育"的提法，显然它也是粗糙思维的一个结果，我担心它在实际生活中不过是化了妆的棍棒教育。只要严厉的实质不变，那么它有惩罚无教育、有创

1　[苏]马卡连柯,《马卡连柯教育文集》,吴式颖等编,人民教育出版社,2005 年 1 月第 2 版, 507 页。

伤无戒除的结果就不会变。

儿童是脆弱的，成长只需要鼓励，不需要惩罚，一切严厉和惩罚都隐藏着某种伤害。父母不仅要放下手中的棍棒，更要放下心中的棍棒。宽容而饱含真诚的教育，总是最美、最动人的，对孩子也最有影响力。

心中无棍棒，是件比手中无棍棒更重要的事。观察生活即可发现，恰是那些修养最差的父母最喜欢以"教育"之名去欺负孩子，成为"惩戒教育"的爱好者和传播者。他们最多能强制孩子执行一些外部的礼貌言语和动作，却让虚假和恨意在孩子心中扎根，慢慢成为又一个道德伪君子，然后去欺负下一代人。

当然，大家都是凡人，偶尔火气上来了，实在忍不住，打孩子两下或骂几句，这也不会有太大问题，正像一个偶尔吃多了的人不会成为大胖子一样。身体自有它的调节功能，孩子也自然有他正常的抗挫折能力。并且儿童甚至比成年人更宽容，更能理解并消化父母偶尔的脾气。孩子最受不了的，是父母经常性的严厉和苛刻。

人生万事，得体的手段才能产生良好的效果。教育更是如此，没有一种错误的手段可以达到正面效果。哲学家哈耶克说过："那些重要的道德规则是神的命令与法律，是人类应尽的义务，而且神最后会奖赏顺从义务者，并且惩罚逆反者。违反这些基本的道德，就是在和神作对。"[1]

尊重孩子，是大自然的法则，也是神的命令，是教育最基本的法则。严厉教育的目的虽然也是想给孩子打造华美的人生宫殿，到头来却只能制造出一间精神牢笼，陷儿童于自卑、暴躁或懦弱中，给孩子造成经久不愈的内伤。说它是危险教育，一点也不为过。

1 [英] 亚当·斯密，《道德情操论》，谢宗林译，中央编译出版社，2010 年 4 月第 1 版，198 页。

不要把小事"管"成大问题

本来小事一桩，家长完全可以用轻松愉快的态度来解决，甚至不需要去解决，问题也会自行消失。但由于家长把小事当回事，又用严厉的方式来对待孩子，这就错上加错，不但无助于问题本身的解决，还会给孩子留下经久难愈的心理创伤，严重的甚至可以毁掉孩子一生。

大家都听说过蝴蝶效应，南美的一只蝴蝶扇动翅膀，有可能引起北美的一场龙卷风，即非常微小的事件有时会引发非常重大的后果。这种效应体现在儿童教育上，即成人在某件小事上处理得正确与否，有可能对儿童产生非常非常大的影响，甚至会影响一生。

正确的教育常常有四两拨千斤功效，它之所以有这样的递进功能，能放大教育的力量，在于正确的教育总是以理解儿童的眼光看待儿童，以符合儿童天性的方式来对待儿童。相反，如果成年人不尊重儿童，不体恤儿童，在一些小事上以错误的方式对待儿童，做反教育的事，那么这些小事也有可能被放大，变成一个人身上某种严重问题，影响到整个人生。

所谓的错误方式无非是"严厉教育",指以打骂、惩罚和羞辱为主要手段,对未成年人进行强制改造的一种行为。虽然目的是好的,希望孩子做得更好。但由于它实际上并无教育要素,是破坏力,经常会造成非常严重的后果。

下面是一个典型案例。

我曾经接触过一位单身女士,当时她年近四十,一直没结婚。她是因为严重的抑郁症来找我的。在我们的交谈中,她谈到了自己的童年成长经历。

她父母都是小学教师,对她有很好的早期启蒙教育,在各方面要求也很严。她在很小的时候就会背很多经典诗文,聪明伶俐,而且认字很早,上小学就读了不少课外书,学习成绩一直很好。但她父母在她童年时期犯了一个不可饶恕的错误,这个错误发生在她五岁的时候。

起因很简单,就是有一天她尿床了。父母为此大惊失色,说你两岁就不再尿床了,现在都五岁了,怎么反而又尿床,越活越倒退了。父母的话让小小的她非常羞愧,以至于当天晚上睡觉的时候,心里非常担忧,好久都没睡着。但也许是因为太紧张,也许因为前半夜没睡着,后半夜睡得太香,第二天早上醒来,居然又一次尿床了。这下子,父母特别不高兴,说你是怎么搞的,昨天尿了床,今天怎么又尿了,是不是成心的啊?当时他们住的是大院平房,有很多住户,她妈妈一边抱着湿褥子往外走,一边说,这么大孩子了还尿床,褥子晒到外面,让别人看到多丢人。她爸爸板起面孔严肃地警告她说,有再一再二,没有再三,这两次尿床我原谅你了,再尿床我可对你不客气了。

父母的话让小小的她内心充满羞辱感和恐惧,所以接下来的一个晚上,她更害怕得不敢睡觉,直到困得坚持不住,沉沉睡去。结果是,她第三次尿床了。这令父母简直震怒,不但对她责骂,而且罚她当天晚上不许吃饭喝水。虽然当天因为空着肚子睡觉，没尿床，但问题从此陷入恶性循环中。从那时起，她开始隔三岔五地尿床。父母越是想要通过打骂来让她克服这个问题，她越是难以克服。父母可能后来意识到打骂解决不了问题，就开始带她找医生看病，吃过很多中药西药，都没有作用，直到成年，仍不能解决。

这件事几乎毁了她一生。天天湿漉漉的褥子、尿布以及屋里的异味，是烙进她生命的耻辱印记，她原本可以完美绽放的生命就此残缺了。高考时，她取得了很高的成绩，完全可以报考北京的名牌大学，但为了避免住集体宿舍的尴尬，第一志愿填报了当地一个学校，以便天天晚上回家。大学四年，她不敢谈男朋友，自卑心理让她拒绝了所有向她求爱的男同学。工作后，谈过两次恋爱，都是男方发现她有这个毛病后，选择了分手。

她对我说：直到上大学前，她一直认为自己这个毛病是个纯生理问题，是一种泌尿系统的慢性病。后来才慢慢意识到是父母的紧张和打骂造成的后果。结束第二段恋情后，她割腕自杀，被救过来，出院回到家中那天，终于在父母面前情绪爆发，疯狂地向父母喊出她心底积压多年的屈辱，并以绝食逼迫父母向她认错。父母似乎终于也意识到问题的来由，虽然没向她正面道歉，却在她面前无言地流了几天泪，痛悔的样子终于令她不忍，端起了饭碗。经过这件事，父母都一下子苍老了十岁，几天间就显得步履蹒跚了。她知道他们已受到惩罚，心中既有宣泄后的舒畅，又有报复带来的快感。自此，这个毛病居然奇迹般地开始好转，发生的次数大为减少。

但她的生活却无法改变，周围凡认识她的人都知道她这个毛病。她像一个脸上被刺字的囚犯，丑陋的印记无法擦去，只好在三十多岁时选择"北漂"，来到北京，希望通过环境的改变让自己活得自在些。但骨子里形成的自卑和抑郁无法消退，再加上工作压力比较大，很小的一点事就会让她崩溃，对于爱情和婚姻，完全失去再去碰触的热情和信心，对安眠药和抗抑郁药的依赖越来越严重。后来她信仰了一种宗教，她说宗教是唯一让她感觉安慰并有所寄托的东西。虽然她知道自己不会再去自杀，但想到即便活到六十岁自然去世，还要活将近二十年，就觉得这实在太长了、太难熬了，她不知道该如何撑过这二十年。

像一个医生在晚期癌症患者面前束手无策一样，我在她的痛苦面前也同样感到无可奈何。教育中，有太多这样的蝴蝶效应，本来小事一桩，家长完全可以用轻松愉快的态度来解决，甚至不需要去解决，问题也会自行消失。但由于**家长把小事当回事，又用严厉的方式来对待孩子，这就错上加错，不但无助于问题本身的解决，还会给孩子留下经久难愈的心理创伤，严重的甚至可以毁掉孩子一生。**

我还见过一个四岁的孩子，父母都是高学历，奶奶曾是单位主管会计，也很能干，且非常爱干净。家长从孩子一岁半开始，就因为吃手的问题和孩子纠缠不清。据家长讲，最初阻止孩子吃手，采用的是讲道理的方法，告诉孩子手很脏，不能吃，他们感觉一岁半的孩子能听懂了，但孩子一如既往。发现讲道理没用，就来硬的，采用打手的办法，轻打不起作用，就狠狠打，但这只能起一小会儿作用，孩子一停止哭泣，就好了伤疤忘了疼，又把手伸进嘴里。后来，负责照看孩子的奶奶拿出缝衣针，只要孩子的小手一放进嘴里，就用针扎一下，并把针挂到墙上，故意让孩子看到，但这也不能吓住孩子。后来家长还采用过给孩子手上抹辣椒水、每天二十四小时戴手套等各种办法，可是问题始终没能得到解决，并且越来越严重。听家长说，孩子还特别爱发脾气，因为一点小事就大发雷霆，可以连续哭号两小时，甚至会用头猛烈撞墙，全然不知疼痛和危险。

我见到这个孩子时，他两只手的大拇指已被吃得变形，两只小手布满破溃的伤口，伤痕累累，但孩子好像完全没有痛感，还在用嘴啃咬双手，用指甲抠开血痂。更糟糕的是孩子的心理也出现严重障碍，不会和人交流，别人和他说话，他基本不回应，目光总是回避躲闪，神情冷漠，拒人于千里之外。

这个孩子的遭遇，让我震惊于家长的无知和残忍。孩子吃手是多么正常的一种现象，婴幼儿最初是用嘴来感知和认识世界的，小手又是离他最近、唯一能让他自主支配的东西，所以吃手几乎是所有孩子的本能，根本不需要也不应该制止。到可以动用自己的其他感知器官认识世界时，他自然就不吃手了，就像人学会站着走路后，自然就不愿意爬着走了。对于这样一个自然的认知过程，家长却要想方设法阻止，而且采用打骂、针扎、抹辣椒水等做法，简直就是在刑讯逼供啊！**一个弱小的孩子，在人生初期就莫名其妙地遭遇绵延不断的残酷对待，他的生命怎么能正常展开、怎么能不被扭曲呢？**

当然有的孩子对吃手表现出固执的喜好，到四五岁，甚至十来岁，还在吃，这种情况往往和孩子的寂寞或自卑有关，是其他教育问题积淀的后果，吃手不过是孩子自我安慰的一种方式。遇到这种情况，家长更不该制止孩子吃手。应该做的是反省自己和孩子交流得多不多、相处方式是否和谐等等，并努力从这些方面去解决。单纯制止吃手，是对孩子自我心理安慰的粗暴剥夺。即使表面达到了阻止的目的，但孩子内心的压抑和痛苦必须找到一个出口，将可能出现更严重的心理问题和其他生理问题。

眼前这个年仅四岁的孩子，他的心已像他的一双小手一样伤痕累累。他揭血痂、用头撞墙等自残行为，并不是不懂得痛，而是内在的痛苦难以承受，又无法陈述和宣泄，只好用肉体的疼痛来转移和缓解。

不能说他的家人有主观恶意，他们的主观愿望一定是好的，也许他们比一般的家长更希望孩子成长得完美，所以对于吃手这样一件小事也难以容忍，更何况从他们的陈述中我还了解到，在吃饭、睡觉、玩耍等几乎所有的生活小事上，家长都同样严格要求孩子。

家长希望用各种规矩培养出孩子各种良好的习惯，而这对孩子来说，却是自由意志被剥夺，日复一日地活在冷酷的包围中。 他的世界一直以来太寒冷了，已被厚厚的冰雪覆盖，所以他下意识地要把自己严实地包裹起来，回避和外界交流，直到失去正常的沟通能力。这是一个弱小生命对抗恶劣环境的本能反应，畸形的生态环境只能让他变态地成长。

专门研究儿童精神病的蒙台梭利博士说过：我们常常在无意中阻碍了儿童的发展，因此，我们应该对他们的终身畸形负责。我们很难认识到自己是多么生硬和粗暴，所以我们必须时时刻刻尽可能温和地对待儿童，避免粗暴。教育的真正准备是研究自己。[1]

1　[意]蒙台梭利，《蒙台梭利幼儿教育科学方法》，任代文译，人民教育出版社，2001年5月第2版，460页。

不要"严格要求"孩子

在家庭生活中，相比"严格要求"，纵容是更理想的家庭成员相处模式，尤其对于孩子，在道德和安全的底线之上，几乎可以同意他们去做一切愿意做的事情。

现在家长们的文化程度普遍提高了，对孩子的教育意识普遍增强，但教育水平并不见得同步增长。人们已注意到一个现象，不少高学历家长，他们的孩子在学业或心理方面反而很不如意。原因是一个有能力的破坏者，其破坏性要超过一般人。

如果高学历家长对一些教育问题认识不清，却又自以为是，认为孩子的一切都需要在自己的规划和控制下完成，对孩子进行严格管理，小到吃一碗饭，大到规划孩子的未来，持续不断地用错误的理解来对待孩子，那么他的教育水平和低学历的、简单粗暴的家长就没什么两样，甚至更糟。他就是寓言中说的那个用锄头雕刻玉石的农夫，一块本可以价值连城的璞玉在他的锄头下变成一堆碎石。[1]

1 尹建莉，《好妈妈胜过好老师》，作家出版社，2009 年 1 月第 1 版，3 页。

在我的工作中，不止一次见到"用心"的家长，他们的强势更容易把天赋很好的孩子培养成能力低下者和抑郁症患者。在这些极端的个案上，几乎可以百分之百地观察到家长的错误。并不是他们不爱自己的孩子，也不是大目标不妥。大部分家长其实开始都有一个很合理的培养目标，他们并不打算培养一个"牛顿"，他们也能接受孩子平凡，但至少有一份体面的工作和稳定的收入——这样一个目标本来可以很容易实现，只是，由于他们在日常处理教育小问题时多有不妥，持续不断的小错叠加起来，最终形成一个损害孩子基本能力和心理健康的大错，使这个普通目标也难以实现。

这些家长的共同特点是，他们太容易被社会带节奏，太容易陷入"规矩"的陷阱，把从社会上获得的一些标准当作自己的教育准则，不加思考地拿来套用到孩子身上，完全不考虑儿童的年龄特点，强力推广到孩子身上。在他们和孩子间，规则大于自由，目标大于快乐，正确大于宽容。他们对孩子的态度也许是温和的，要求却从来不含糊，丁是丁，卯是卯。他们的教育着眼点在社会评价上，不在孩子的感觉上。

比如，要求年仅两岁的孩子见了邻居必须开口打招呼，在公共场所必须闭嘴，连笑都不可以出声……类似的要求无处不在，数不胜数。

万事万物，初始阶段最特别，也最关键，教育更如此。每个人都是由鸿蒙走向清朗，由无序走向有序。儿童想要健康成长，必须有一个能够承载他各个年龄段特点的足够宽大的空间，即足够的自由。

可当下，儿童面对的规矩和限制实在太多了，可以说从出生头几年，就开始被规则捆绑。幼儿园的孩子就要学会"遵守课堂纪律"，问题是这么小的孩子，他们需要那种乖乖坐着手背后面不动不说话认真听老师讲的课堂吗？很多幼儿园都要求碗里的饭必须吃干净，必须统一睡觉，甚至上厕所也要统一时间。小学生在校面临的规矩多如牛毛，一不小心就犯规。除了要适应这些反天性的规矩，还要承担学习压力，在学校要写作业，回家还要写，节假日写得更多，全年三百六十五天不休息。

纪律和作业已不是为教育和学习服务，而是在为成年人的习惯、面子和利益服务——纪律成为君权，作业成为宗教，儿童被要求成为顺民和虔诚的朝拜者——被折磨着长大的一代人成为老师，反过来又用同样的东西折磨下一代人。一代又一代，愈演愈烈。不知有多少孩子在这样的折磨中沉重成长，才华尽失。

如果孩子仅仅在学校受到压抑，回家能有自由和放松，也还不错，童年尚有栖息之地，可现实是，在学校被纪律和作业奴役的孩子，回到家还要因为家长的严格管理而处处受限，他们在这样的压抑下，受伤更重。

儿童是脆弱而无助的，他们的天赋需要激活也需要呵护，家长在孩子的成长中既要成为孩子进步的助推器，又要成为他们的保护伞。这对家长提出了较高的要求。

但做到这一点也并非难事，高下就在一念间。以"无痕"的教育之法，达到"有迹"的教育之效——理解这一点，有时是一张纸的厚度，有时是一座遥不见顶的山的高度。距离有多远，这取决于家长在多大程度上愿意学习、愿意反思和检讨自己。把这一点落实到具体的生活中，体现在对孩子的管理中，其实非常简单，不过是需要家长在以下几个方面注意。

首先不要有培养完美孩子的想法。

虽然没有哪个家长会承认自己有培养完美小孩的想法，事实上太多的人在做着这样一件事。孩子不按时睡觉是问题，不好好吃饭是问题，不穿袜子是问题，说话比别人晚是问题，腼腆是问题，好动是问题，不好动是问题，说脏话是问题，弄脏衣服是问题，做事磨蹭是问题，见人不爱问好是问题，太活泼是问题，不活泼也是问题……所有的问题，都令家长焦虑，都需要被改造。

事实是几乎每个人都有自己的长处和缺点，尤其在某方面有出众天赋的人，他们往往在另外的方面会表现出更明显的不足，比如生活中我们经常会看到，一些具有某方面特殊才能的人，他们往往不善言辞或不拘小节等。"天才"和"全才"在某种意义上说是冲突的，牛顿、爱因斯坦、爱迪生等很多大科学家，他们不就留下很多日常生活里"可笑"的轶事吗。

有一次，我在网上看到有人批评一位学者太清高，学者说："不清高，能和平庸拉开距离吗？"这句话够傲，却有道理。家长面对孩子时，是否也应该有这样的自信和宽容？

卢梭说："卓越的天才彼此间另有一种语言，凡夫俗子是永远不能懂的。"[1] 确实是这样，一些在某方面极为出色的人，他们的能量集中在兴趣方面，是这方面的巨人，但常人达不到他们的高度，只能看到他们的肚脐眼，于是他们反而成了另类，被人看作孤独者、怪人，甚至被当作病症去治疗。

求完美的家长，最多能培养一个"平庸的大多数"，而这也需要有足够的幸运。换句话说，要想培养一个尽可能如意的孩子，就要学会欣赏孩子一些不如意的行为。不求完美，才是完美的培养。

其次要接纳孩子的与众不同。

在理论上人们都承认孩子和孩子是不一样的，但在实践中，人们往

1　[法]卢梭，《忏悔录》，黎星等译，人民文学出版社，1992年6月第1版，561页。

往害怕孩子与众不同，特别是孩子的行为与主流价值取向不同，或和父母设计的路径不同时，很多家长就会忧心忡忡，力图改造孩子。

一位年薪很高的家长对我说，他九岁的女儿酷爱用各种小珠子穿各种各样的项链和手链，家长给的零花钱基本上都买珠子和丝线了。浪费时间不说，还耽误了写作业和练琴。家长给孩子做了很多次思想工作都没用。他问我：如何既不伤害孩子，又能制止她继续做珠串？这位家长自己上名校、进名企，工作上兢兢业业，升迁很快。这也许让他有一种错误认识，以为自己走的这条路才是正道，先有好的功课成绩，然后上好的学校，这才有可能进入好的工作单位。所以在他看来，只有提高考试成绩是可靠的，别的都不可靠，痴迷于和功课无关的东西，就是不学无术。

我说：孩子有一种爱好，这是多么好的一件事，为什么要制止呢？你希望孩子学习好，目的是什么，不就是希望她长大后有不错的工作，有好的前途吗，为什么潜意识中一定要把她的未来定位为一个像你一样的白领，而不去想她有可能成为杰出的珠宝设计师呢？

大千世界丰富多彩，人的爱好也五花八门。一个人喜欢什么，醉心于什么，会受天赋和环境等各种因素的影响，微妙得令人不可捉摸。但在爱好的问题上，有一点总是相同的：爱好就是天才。可以说，一个人对某件事痴迷有多深，天赋就有多高。所以我们可以这样假设，**"强烈爱好"是上帝对一些人的偏爱，是给予其特殊的关照。而童年由于较少受到外界功名利禄的影响，偏爱的痕迹会表现得更足，更容易被展示出来，所以更需要珍惜。**而且，爱好并非一定会和功课冲突，做好了，反而会成全功课。

我给这位家长的建议是，帮孩子找一些和饰品设计相关的资料，从简单的图册开始，让孩子了解配饰设计的基本情况，读著名设计师的故事，了解世界各国的设计文化，带孩子去参观珠宝展，顺便旅游，进而认识世界地理，世界各地的习俗、宗教、传统等，衍生的知识是无穷无尽的。孩子读过这么多书，了解这么多常识，走过这么多地方，再反过来学功课，岂能是一件难事？不管她将来是否从事珠宝首饰设计，都会是一个优秀的人才。

父母肯定想给孩子更好的教育，却会在不知不觉中陷入偏见或思维定式中，最典型的是经常会有意无意地设计孩子的未来，以自己对生活的理解，来规划孩子的人生，这反而有可能降低孩子的前程高度，束缚他的发展，使其"泯然众人矣"。

孔子说："知之者不如好之者，好之者不如乐之者。"**希望孩子有卓越的能力、有美好的前程，就不要让儿童放弃自己的兴趣以服从家长安排。**

教育家 A.S. 尼尔说，那些对功课不热心的学生，在训练之下念完大学，将来成为没有想象力的老师、平庸的医生和无能的律师；他们本来也许是上等的技工、顶呱呱的泥水匠或第一流的警察。[1] 爱默生说过："如果一个人不屈不挠地坚持自己的才能，并且一直坚持，那整个世界就是他的。"他们说的，不正是中国千百年来流传的那句"行行出状元"的古话吗？

再次要戒断严厉和专制。

要做到不求完美，给孩子自由发展空间，父母首先要自问，我是否对孩子太严厉？

严苛的家教总是暗示着家长超强的控制力，这可以让一个孩子获得世俗意义上的成功，或者也可能留一点点空间，让孩子的某种才华像砖缝中的小草一样艰难地挺拔出来，但它对一个生命的压抑则是确定无疑

1　[英]A.S.尼尔,《夏山学校》,王克难译,南海出版公司,2010年5月第2版,23页。

的。例如写出《变形记》等名作的奥地利作家卡夫卡，他的父亲严厉粗暴的教育方式虽然没能阻止他文学才华的流露，却令他的整个人生和生命灰暗不堪。

在家庭生活中，**相比"严格要求"，我认为纵容是更理想的家庭成员相处模式，尤其对于孩子，在道德和安全的底线之上，几乎可以同意他们去做一切愿意做的事情。**这样不会惯坏孩子，**生命受到的阻碍越少，成长越健康，才华越容易显露。被处处监督和规范的孩子，更容易流于平庸，甚至堕落。严格管教的背后就是心理受阻，法官型父母最容易培养囚徒型孩子。**

我们是要一个健康快乐的普通人，还是要一个学富五车的神经病？这是值得思考的。

当然，儿童的潜能并非脆弱得不堪一击，它常常有一种顽强的力量。事实证明，**在家长或教师两方面，只要有一方能为孩子提供良性引导，孩子的潜能往往就不至于被磨灭，甚至有可能被刺激得更有张力。**我们从很多杰出科学家、思想家或艺术家的传记材料中总可以看到，他们的成功，除了自身的天赋，至少需要这样的条件：要么有懂他的家长，要么遇到理解他的老师。人生只要获得一种幸运，大抵就能正常成长，而不会过分变态扭曲。而这幸运，必然不是严格或斥责，而是温暖和宽容。

对孩子，不要先谈规则，要先谈自由

一定要减少对孩子的限制，在不伤害别人的前提下，在安全的底线之上，可以允许他们去做一切事，进行各种各样的尝试。

当下，在儿童教育上，人们太热衷于谈规则、定规矩，这真是一个非常大的反教育的社会问题，会带来许多令人担忧的后果。

"规矩"固然是社会生活的必需，人们常说"没有规矩，不成方圆"。但这只是针对一般的社会生活而言。儿童是个特殊群体，有些社会规则并不适宜代入儿童教育中。

儿童不是还没有长大的成年人，而是还没有被限制和扭曲的有无限可能的尚未成年的人。童年的可贵也恰在于其尚未被社会浸染，像一张白纸，有待成为最美的画作。在这样一个非常珍贵、非常需要自在地生长的年龄段，则是"规矩太多，难成方圆"。

儿童对一切事物都充满好奇，探索的欲望充满体内的每个细胞。而且，他们不知道行为的边界，所以常常会做出一些不合常规的事，甚至是闯些小祸。事实上这些都是一个成熟生命必须经过的青涩，不仅无害，反而十分有价值，可以教会孩子很多。家长要以正面心态面对孩子的种种"不合格行为"，只要不危险，不妨碍他人利益，都可以放手让孩子去尝试。

有的孩子甚至对某种"坏东西"表现出偏好，这种情况下，家长也要尽量满足孩子的愿望，不跟孩子拧巴。其实，在孩子那里，一切东西都是纯洁的、有趣的，"好坏"之别其实常常是成人的一种偏见。家长要正确评估一件事的可行性，尽可能为孩子提供丰富的生活体验，不要简单否定，不要强硬地限制，更不要轻易进行道德的或善恶的评价，哪怕这件事看起来非同寻常。

在我女儿圆圆一岁多时，我假期带她回我父母家。她姥爷和姥姥每天中午吃饭时要喝两小杯白酒，圆圆看到了，也咿咿呀呀地叫着要喝。她对于一切没尝试过的东西都有兴趣，都想尝尝。尽管我平时几乎不限制她，什么都愿意让她尝试，但面对酒，我还是本能地犹豫了一下，还不到一岁半的小人儿，这可以吗？我妈妈在旁边说，没事，孩子想尝就尝尝，你们小时候都喝过酒。在妈妈的鼓励下，我拿筷子蘸一点酒，喂到圆圆嘴里。

我父母喝的是高度数白酒，原本以为会把圆圆辣哭，想着她试过一这次，知道这玩意儿辣嘴，以后会躲得远远的。没想到小家伙连眉头都没皱一下，表情喜悦，还咂巴咂巴小嘴，咂巴完了还想要，这真是出乎我的预料。

圆圆第一天尝过后，第二天见酒瓶酒杯上桌，呼扇着两只胳膊要酒，我照样给她一筷头，她照样咂巴得陶醉。我告诉她每天只能吃一筷头，不能多吃，她能听懂，就不再要。因为我平时总是不拒绝她，所以但凡我告诉她的事，她总是很配合。

在父母家住了一个月，圆圆对酒的热情始终不减，一看到酒瓶拿上饭桌就喊"喝酒酒"，天天都要蹭姥爷姥姥的一筷头酒。对此我们从未表现出异样，总是平和以对，不把这当回事。

不担心她会形成酒瘾，我相信，物品本身都是中性的，自身并没有品德倾向。酒是天使还是魔鬼，带给生命的是享受还是堕落，取决于一个人内心有何种接纳基础。一杯酒，不过是一杯气味有些浓烈的饮料，没有决定一个人品格面貌那么大的力量。那个最后死于酒精中毒的人，如果世界上没有酒这种东西，也会有别的东西让他沉溺。"瘾"是一种心病，心理健康的人不会得这种病。

从我父母亲家回来，圆圆很自然地忘记"喝酒酒"这回事，直到好长时间后我和先生要喝酒，她才又想起来，我们照例还是给她一筷头。圆圆后来一直断断续续地跟着我们品点酒，随着年龄增长，酒量有所提升，始终是点到为止，不会多喝。她对酒的兴趣确实是比一般人浓厚，参加工作后，会经常给自己买各种各样的酒，不时地小酌一杯，但从来不会喝多，更不会喝醉。

我的家族也许有好酒的遗传。我父亲和母亲酒量很好，酒品也好。我的兄弟姐妹都对酒有好感，但没有一个酒鬼，没有一人因酒生事。我二哥像圆圆一样，自小对酒表现出超乎寻常的喜爱，父亲也经常给他喝一点点，他上小学时居然喝醉过一次，这成为我家好长时间会提及的一个笑话。但酒对我二哥也没有任何负面影响，他一直品学兼优，身材高大，是他那一届的全县高考状元，在后来的工作中也一直出色，专业上颇有建树。而且他很早就对酒失去兴趣，现在除了亲友聚会喝一点，平时基本不喝。

我举这个例子并不是提倡给孩子喝酒，想说的是，一个从小身心健康的孩子，长大后会本能地选择那些有利于他的东西，而不会被某种内涵不深的东西控制。在任何事情上，只要家长自己做出了好榜样，并且信任孩子，不总以狐疑的眼光打量孩子，孩子没有为某件事长期和家长处于拉锯战中，那么孩子不会对某种有害的东西有太深的兴趣，更不会

被它耽误人生。

而要保障一个孩子身心健康，就要给他充足的自由。自由是生命中开阔的天地，是生命得以茁壮生长的必需。

有人说"规矩是用来打破的"，这句话用在儿童教育上是再恰当不过了。不要急于给孩子立规矩，尤其在他们认识世界的初期，一定要少给孩子设限，以便他们进行丰富的体验，在体验中积累知识，发现自我。

如果家长急于以一种成人世界的思维和标准来限制、规范孩子，很容易压抑孩子的正面激情，使他们的自由意志和创造力停止生长，乃至萎缩。限制带来的压抑感很容易刺激孩子的负面情绪，让孩子出现逆反或是自我封闭的症状。

一个缺少尝试、不犯错误的童年是恐怖的，它并非意味着这个孩子未来活得更正确、更好。也许恰恰相反，由于没有童年探索的铺垫，他的认知基础反而很薄，在未来的生活中不得不花费更多的力气去辨识世界、适应生活；很有可能一生都活在刻板、无趣和谨小慎微中，甚至是自暴自弃的堕落中。

减少对孩子的限制，在不伤害别人的前提下，在安全的底线上，可以允许他们去做一切事，进行各种各样的尝试。处处担心，处处管制，这个不可以，那个不能动，这是狭隘的爱，培养的只能是狭隘的人。儿童只有获得充足的成长空间，才能成长得恢宏大气，而这需要父母给出大爱，那就是：少管制。

少管制不是更省力气，而是更费力气，需要父母在体力和心理上有更多的付出。毕竟，把幼小的孩子管得服服帖帖是最省力气的。

在教育上，我提出了"不管是最好的管"。所谓"不管"，不是不作为，而是顺应孩子，无痕迹地培养孩子。这对父母提出更高的要求，要随时随地回应孩子的需求，时时刻刻处理孩子制造的各种小麻烦，事事都要拿捏好保护和鼓励尝试的度——他要玩水，要抓碗里的饭，打坏东西，弄脏衣服……每样允许都要父母付出更多的精力和耐心。

不过这种辛苦具有四两拨千斤的效果，越是获得自由的孩子，越是更早地懂得自律，做事有分寸感，内在也会成长得更健康。这就是我们所说的"自由的孩子最自觉"。到头来，做父母的也会十分轻松。就像一位家长对我说的："我从孕期就看您的书，孩子基本上是散养的，给他充足的自由。孩子现在八岁，的确分寸感很好，自然地知道什么是得体，不用我费心，成长得健康快乐。"这样的反馈我经常能收到。

几乎所有人在培养孩子的目标方面都是一致的，但在方法上却大相径庭。有太多的家长或老师表现出行为与目标的分裂，这些分裂表现为：一边赞美着创造力，一边刻意培养谨小慎微的人；一边欣赏着宽容，一边对孩子苛求挑剔；一边呼吁着要尊重孩子，一边执行棍棒或羞辱教育。

有的家庭，甚至孩子把沙发巾弄皱了都要遭到训斥。一个表面上纤尘不染、井井有条的家，维护它的代价是孩子失去了自在和放松的生活。二十年后，整洁的家中坐着一个规规矩矩，毫无创造力，没有自我调整和选择、判断能力的人——这是你想要的结果吗？

爱因斯坦说过："想象力比知识更重要，因为知识是有限的，而想象力概括着世界的一切，推动着进步，并且是知识进化的源泉。"

近年来国人喜欢探讨的一个话题是，为什么中国本土没有获诺贝尔奖的科学家。人们总喜欢把板子打到中国的学校教育上。学校教育固然有其弊端，但如果孩子在家庭生活中处处受限，不能做一点点反常规的事，不能有一点点出格行为，创造力和探索意识被处处压抑，早早萎缩，如何能指望学校培养出爱因斯坦呢？

"教育"并不是单纯的规范和监督，其实，"放纵"也是一种教育，是一种形式消极、意义却积极的教育。

对孩子，不要先谈规则，要先谈自由。希望把孩子培养得优秀，不能以"规矩"的方式来实现，不能指望用限制的方式来培养。唯一的路径是给孩子足够的探索和尝试——在这种"纵容"下，孩子可能损坏一些东西，可能制造更多家务，甚至可能受点小伤，而这正是走在接受优良教育的道路上。

规矩太多，难成方圆

童年的首要任务不是"学规矩"，而是发展自由意志，这要求家庭生活中必须减少约束。

人们常说"没有规矩，不成方圆"，但在儿童教育中，则是"规矩太多，难成方圆"。

童年是一段特殊的时光，每个儿童都是一个纯美的原生态世界，具有谜一样的潜能和无数的发展可能，教育的任务就是要开发这种潜能，并努力保护个人的幸福感。

幸福感是生命最大的营养品，"孩子和成年人之所以幸福，完全在于他们能够运用他们的自由"。[1] 所以无论从潜能的挖掘还是幸福感的扩容，童年的首要任务不是"学规矩"，而是发展自由意志，这要求家庭生活中必须减少约束。

一个孩子，如果他最初接触的世界不能让他轻松自在，而是小心谨

1　[法]卢梭，《爱弥儿》，李平沤译，人民教育出版社，2001年5月第2版，79页。

慎，就会被抛入一场能量消耗战中。

天性要他扩展自我，探究世界，环境又处处约束和限制，让他小心谨慎。他既本能地想听从内心的召唤，又要被动地迎合别人的要求，这令幼小的孩子疲于招架，不知所措，成长正能量被无端消耗，心理秩序被扰乱，出现扭曲变态。

有位学历不低的妈妈，对孩子的培养很用心。从智力到习惯，从饮食到举止，每个方面都要做到尽善尽美，对孩子进行"高标准，严要求"的教育。并说服孩子父亲、爷爷奶奶等家人，一起不溺爱孩子，严格规范孩子所有的生活细节，以期把孩子培养成才。比如，孩子两岁以后，她就尽量不去抱孩子，告诉孩子说，你是男子汉，不能娇气，以后走路要尽量自己走，只有累了才可以让父母抱。但孩子常常故意耍赖，明明不累，却要妈妈抱，她坚决不答应，任凭孩子怎样哭，都绝不妥协。为培养孩子的卫生习惯和劳动能力，从孩子四岁开始，必须天天自己手洗换下的内裤，不可以用洗衣机。哪次孩子不想洗，要放到第二天两件一起洗，妈妈不许，告诉孩子，今天的事情必须今天完成。为了培养孩子的良好修养，吃饭必须在餐桌上吃，偶尔孩子饿了，饭也做好了，可动画片还没演完。孩子想一边看一边在电视前的茶几上吃，妈妈不许。要么强行关闭电视，理由是吃饭的时间必须吃饭，不能一心二用；要么宁可大家都不吃，一直等着，到动画片结束，再把凉了的饭菜热一遍。无论如何，这碗饭必须要规规矩矩坐在餐桌前吃，并且在吃饭时，要遵守餐桌礼仪，不说话不撒饭粒不可以发出咀嚼声音……诸如此类的规定很多很细，几乎每件事都有一套家长制定的标准。

她的孩子刚五岁，智力出色，确实养成了很多"好习惯"，但慢慢地，孩子表现出越来越严重的偏执，几乎不接纳任何稍有变化的或常识里没有的事。

比如有一次姥姥洗好葡萄，递给他一小串，接的过程中，有一颗掉了下来，滚到地上，他就不答应，要求姥姥把这一颗再接回到串上，姥姥说接不回去，他就哭得不依不饶，另给一串也不行。好说歹说都没用，只能以一顿暴打结束无理取闹。还比如爷爷每天接他从幼儿园回家都走同一条路，有一天妈妈开车去接，想要绕道去超市买点东西，他不允许，说回家只能走那条路，不能走别的路。妈妈不听他的，把车开到超市，他哭着不肯下车，要求妈妈必须回到幼儿园门口，走原来的路回家……总之，类似的不可理喻的行为非常多。幼儿园老师反映，虽然孩子很聪明，但很孤僻，不合群，一天难得见到他笑一下，总是一脸冷漠，也不会和小朋友玩，总是玩不到几分钟就发生冲突，最后只能躲到某个角落，独自玩一个什么东西。老师甚至小心地提醒家长，是不是应该带孩子去看看心理医生，有点像自闭症。

一个年仅五岁的孩子，作为人的自然天性从开始就被压抑，各种"规矩"的框子已开始把他的心理挤压得变形，那么孩子所表现出的膜拜"规则"，不体恤，拒绝合作，逆反冷漠等等，几乎是必然症状。如果家长一直对此没有警醒，一直"规范"下去，后果真是令人担忧。

英国教育家 A.S. 尼尔认为："严酷的家庭法则就是对健全心智的阉割，甚至是对生命本身的阉割。一个屈从的孩子不会长成一个真正的人；一个因手淫而被惩罚的孩子，将来也得不到高度的性快感。"[1]

面对幼小的孩子，如果家长不能首先想到如何给孩子自由，而是如何对孩子进行规范，尤其在一些无关紧要的生活细节上，向孩子提出大大小小的各种规则和要求，并且经常为孩子不能达到这些目标、不遵守这些规则而去批评孩子、惩罚孩子，那么他几乎不可能培养出一个健康

1　[英]A.S. 尼尔,《夏山学校》,王克难译,南海出版公司,2010年5月第2版,127页。

的孩子，只可能打造出一个刻板者、自卑者和偏执狂。

社会很少对刻板者和偏执狂给出太多偏爱，社会愿意容纳的，是人的宽容心和变通力。所以越是具有宽容心和变通力的人，越容易成为社会主流人群。

奥地利心理学家 A. 阿德勒认为，一个人愈健康、愈接近正常，当他的努力在某一特殊方向受到阻挠时，他愈能另外找寻新的出路。只有神经病患者才会认为他的目标的具体表现是："我必须如此，否则我就无路可走了。"[1]

如果一个孩子从小接受的是严苛的家庭法则，自由意志早早萎缩，那么你能指望他用宽容和变通的方法来面对世界吗？

在我们的文化中，"规矩"太深入人心，"自由"太新鲜。这也是为什么"规矩太多，难成方圆"现在还很难被人接受，因为它和很多人的常识相去甚远。

现在，家长们文化程度越来越高，也重视孩子的教育。但奇怪的是，很多家长像上面这位妈妈一样，自身的受教育程度和良好的社会地位没有让他们对儿童教育这件事有更好的领悟，反而抑制了他们的原始本能，即天性。面对孩子时，感觉迟钝，既缺少母爱的直觉，又缺少文明进化后的体贴和修养，生搬硬套一些似是而非的东西，把"立规矩"当作教育，使事情本末倒置。

并不是说世上的任何规矩都不需要，这里强调的是要考量它对尚未成年的儿童适用不适用。孤立地评价每一种"规矩"，似乎都有存在的必

---

1 [奥]A. 阿德勒，《自卑与超越》，黄光国译，作家出版社，1986年9月第1版，54页。

要。但儿童是个特殊的群体，他们真的需要那么多规矩吗？那些规矩对儿童是适宜的吗？

"在错误纪律下长大的孩子，变成无关紧要的习惯和礼仪的奴隶，毫不迟疑地接受许多愚蠢的习俗。"真正需要他们学会的人生智慧和能力却无法习得。

童年是坚强的，也是脆弱的。一个人的童年可以在物质生活上贫穷，不可以在精神生活上苦难。物质贫寒在某种程度上能锤炼人的意志，精神压抑只能扭曲健全心理。

若父母在孩子面前太强势，孩子凡事要按家长画好的道道来，那么父母越认真，对规则管理得越好，对孩子的自由意志剥夺得就越彻底，给孩子带来的精神损伤就越严重——为什么很多"多动症""自闭症"儿童出自高学历、高收入、严要求的家庭，答案常常在这里。

事实是，"守规矩"这件事在幼儿期几乎不需要强调，越年幼的孩子越不该给他定规矩，整个家庭生活中的规矩越少越好。如果有什么要求，只要讲给孩子，并做出示范，同时想办法让孩子愉快接受就可以，没必要为了"规矩"的事，整天和孩子弄得不愉快。在道德和安全的底线之上，几乎可以允许孩子去做一切他想做的事。

当下有一个误导大家的词就是"溺爱"，字面意思使很多人误以为想把孩子教育好，就是要爱得少一些，定规矩多一些、严厉一些，物质上苛刻一些。尤其家境条件较好的孩子出了事，人们几乎总是众口一词地说这孩子被"溺爱"坏了。

事实是古今中外，任何经济层面、社会层面的家庭都有可能出混混，混混的产生和家境没有必然关系，只不过家境好的更引人注目。家境优越的孩子和家庭贫寒的孩子，他们成长得好与坏，不在于父母在物质上是否出手阔绰，而在于精神上是否充分给予。

儿童对外部物质世界感觉懵懂，对自我情绪感知却分外敏锐。物质上多一些少一些不是问题，精神上的贫寒却会对儿童形成心理摧残。家长给孩子花钱多少和他爱孩子多少，没有一点关系。事实是很多经济条件良好的家长，无力在精神和情感层面满足孩子，就用过度的物质给予进行弥补和掩盖，把花钱多理解为爱得多，但这不过是庸俗思路，也是爱的假象，谁不知道提供物质享乐总是比提供精神享乐更容易一些，尤其对于经济宽裕的家长而言。

如果一定要说过度花钱也是爱的一种，这种"溺爱"只是物质溺爱，这不是孩子的需要，只是家长的需要。**孩子要的是"精神溺爱"，即家长能给予的最优质的父母之爱。这种爱不是由一大堆的物质堆成，而是由充足的相处、深厚的感情、自由的氛围、良好的榜样等等这些构成。**其中，少立规矩，就是保障自由、提高爱的质量的重要方式之一。

有一个物质丰富的童年是非常幸运的事，但拥有心理丰盈的童年才是人生最大的幸运。"自由意志"是家长送给孩子的最大的奢侈品，也是能让他这一生过得有尊严有价值有幸福感的最好的"家底"。

减少规矩，才能减少控制

> 压力和惧怕不可能变成儿童内在的需求，"听话"或"懂规
> 矩"不过是一种假象，背后是孩子心理功能的失调，所以经历
> 就不能转化为经验，却会根本性地损坏儿童的心理健康。

哲学家弗洛姆说过，"教育的对立面是控制"，现实中却有太多的人把控制当作教育。如果有人对他说不要给孩子定太多规矩，要让孩子自由成长，他会立即反驳说，不给孩子立规矩行吗？难道他想干什么就干什么？如果他打人、偷东西、随地大小便也不要管吗？

持有这样极端思维的人，其话语逻辑令人无法招架，"人之初，性本善"在他们看来是胡说八道，所以他们只能这样理解：孩子是不知天高地厚的，给三分颜色就开染坊，所以要严加管制，不管就是不负责任。

避免用琐碎的规矩束缚孩子，和纵容孩子做坏事，这是完全不同的两件事。犹如一个老板对下属充分赋权，充分给下属在工作上自由决断的空间，这和他允许下属做违法乱纪的或损害公司的事完全没关系一样。

人文社科领域的话语重在理解，不能抬杠，不能走极端，一切讨论

必须基于基础概念的相同和基础价值观的相近，否则就失去了讨论意义。

在这个问题上，我也会常常遇到一些温和的反驳，如，孩子不能完全没规矩，适当的规矩还是需要的。这样的反驳看起来既客观又理性，却同样没有意义。事实是，没有谁说过孩子应该完全没有规矩，也没有谁会认为不给孩子立规矩就是连"适当的规矩"也不需要。红灯停绿灯行，不可以偷拿别人的东西，这些是普适的社会规则，成人要遵守，儿童也要遵守，所以根本不需要单独拿出来讨论要不要给儿童强调这些。

极端思维和庸俗思维都是缺乏思考力的一种表现，背后的外部成因往往正是这些人从小经历了太多的"规矩"，致使思维狭隘，凡事都懒于思考，勤于抬杠。

没见识过美好柔和的教育，也失去了用最天然的心去体会另一个天然的人的能力，不相信一个人的自发选择会是善的。

对人性的不信任，常常是一些人跨不过"立规矩"这道坎的根本原因。所以面对一个具体的孩子时，尤其面对孩子的过失时，不知道离开了惩戒，还有别的办法。

2013 年我偶然从中国主流媒体上看到了一档电视节目——《超级保姆》和《保姆 911》，是从欧美引进到我国的家庭教育系列电视剧。看来这档节目在国外很受欢迎，否则中国主流电视台不会花重金引进。但这样的电视节目真是误导人。

几乎每一集都是这样的套路：孩子不听话，父母没办法，请来一位"超级保姆"帮忙解决。"超级保姆"看起来自信满满，但她们的各种办法归根结底就一种：定规矩，然后用规矩来整孩子，直到把孩子整服了。

比如，孩子不想按时睡觉，就把他强行关进屋子里，收走屋里所有的玩具，门一关，任孩子哭泣到睡着。孩子不想跟别人分享玩具，就用闹钟来定时，每人玩相等的时间，到时间必须停下来。小女孩不想穿红裤子，不行，家长让穿红的就必须穿红的，不穿就罚坐冷板凳，直到服从……所有的逻辑都是：孩子只要不听家长的话，那就是不对，家长被孩子弄得头痛，只是因为没给孩子定规矩。定规矩是保姆的法宝，不服从就冷暴力惩罚，服从了就给予一些低端奖励，如奖个棒棒糖吃。

这些保姆，从表面上看，她们做得比那些因愤怒而残忍地往孩子嘴里塞辣椒酱的父母稍好些，暴力性隐蔽一些，冷酷性却完全一样，也没比那些晕头的家长高明多少。孩子在超级保姆那里，不过是些马戏团的猴子，操控住就是做好了，至于如何呵护孩子的情感需求，促进孩子学会友爱和宽容，鼓励孩子的个性发展，那是不需要考虑的。

近些年很多人鼓吹西方教育理念，认为我们中国的教育理念和人家有差距。我认为，如果这些电视片能在他们国家的电视台播出，还被我们引进播出，只能说教育理念的先进与落后不能大而化之地以国家而论。任何国家都有懂教育的，认真做教育的；也有不懂教育，但吃教育这碗饭，赚教育的钱，做反教育之事的。

向孩子施加压力让其恐惧非常容易，但压力和惧怕不可能变成儿童内在的需求。用这样的"保姆之法"制造出的"听话"或"懂规矩"不过是一种假象，背后是孩子心理功能的失调。痛苦的经历不能转化为经验，却会根本性地损坏儿童的心理健康。

尽管该电视剧每集都有神一样的结论或"成果"，但我们完全可以判断，它最多能获得几天表面效果。如果说它有一种长远的"教育效果"，就是可以培养偏执狂和铁石心肠。我当然相信电视制作的初衷和引进的初衷都没有教育上的主观恶意，但就其给人们带来的误导，足以被划进邪恶之列。

自由是规矩存在的土壤，自由的孩子才能成为自觉的孩子。自由意志就是要打破对规则的盲目崇拜。美国著名教师雷夫认为："如果要我们的孩子达到相同的境界，就要在教导他们了解规则之余把眼光放远，不受教室墙上的班规所限。人的一生中有时并无规则可循，更重要的是，有时规则根本就是错的。"[1]

成人可以给孩子呈现规则，却不能强迫孩子执行规则。**如果有什么规则特别需要孩子服从配合，要想办法，通过合理的方式，让孩子看到规则之美，心悦诚服地接受。在规则教育中，家长的榜样作用和包容心远比强制力更能让孩子学到守规矩。**

"孩子的爱的潜在可能性、幸福的潜在可能性、运用理智的潜在可能性，以及类似艺术才能这样的更为特殊的潜在的可能性。它们是种子，如果给予适当的土壤，就会生长，就会显现出来；如果没有这些条件，它们就被窒息而死。在这些条件中，最重要的条件之一是，在孩子生活中起重要作用的人要信任这些潜在的可能性。这种信念的存在，使教育与控制之间产生了区别。"[2]

虽然每个儿童都会出于无知和调皮，在某一阶段某些事上"没规矩"，尤其男孩子，更愿意探索和挑战，更显得"不听话"，甚至具有破坏性。但一个单纯的儿童从来不会没底线，只要孩子心理健康，对人对事没有恶意，就不会有过度的挑衅，随着年龄增长，他自然能变得习惯良好，行为得体。很多精英人物，在回忆童年时，上树掏鸟窝，到地里偷西瓜，甚至三天不洗脸，打架等等，所有这些"坏行为"都是有趣的童年记忆，却完全影响不到他们成年后的道德面貌和行为能力。

生活有万千种细节，对于该给孩子什么规矩，如何把握这个度，没

1 [美]雷夫·艾斯奎斯，《第56号教室的奇迹》，卞娜娜译，中国城市出版社，2009年8月第1版，22页。

2 [美]弗洛姆，《为自己的人》，孙依依译，生活·读书·新知三联书店，1988年11月第1版，327页。

有人能把所有的情境都罗列或归类，很多东西是需要自己去悟的。

不要担心他闯些小祸，不要害怕他做得不够到位，不要为他的无心之过而责备他。日常生活中不处处限制和压抑孩子，至少就是为孩子提供了正常的精神成长条件，对于精神发育正常的孩子来说，所有的经历，无论成败，无论好坏，都会沉淀为正面经验。

有一次，我和一位幼儿园园长交谈。我问，孩子入园后，你们首先做的事是什么。她说："首先是纪律教育，把孩子们在家里养成的自由散漫的坏毛病纠正过来。"然后呢？我又问。"然后就是上课。从我们这里毕业的孩子，上小学就不需要再学拼音了。"园长骄傲地说。

我相信这位园长的回答在当下是非常有代表性的，代表着一种思维方式，也代表着一类做法。

有位家长跟我说，她花高价把孩子送进一所蒙台梭利幼儿园，可是没过多久，孩子就哭着不肯去了。后来她了解了一下，发现这个幼儿园有相当多的规则，如：不能在教室里大声说话，孩子们不小心稍大声一点，老师马上会说这样会打扰到别人，不礼貌。小朋友玩的时候，偶尔互相做一下踢打的动作，非常开心，乐得哈哈大笑，老师马上制止说这样不文明。如果小朋友回答老师问话时语气不够好，老师不满意，就会让孩子重说，说好几遍，真到老师满意为止。如果孩子之间发生一些小的碰撞，老师会教孩子们说：请你不要碰到我的身体。一个孩子帮了另一个孩子一点点忙，如果对方没说谢谢，老师会把两个孩子叫到一起，要求被帮的孩子一定要谢谢，诸如此类的事，弄得孩子们整天小心谨慎，且一个个变得斤斤计较。尤其幼儿园使用所谓的蒙氏教具来上课，在规定的时间做规定的事情，孩子们如果做得不好或不愿做，老师就会给予批评，然后耐心地一直陪孩子做下去，直到孩子做好为止。老师们都是善良的，很卖力，很累。孩子们却不快乐，每天早上幼儿园门口一片哭声。

"蒙台梭利"近年在中国幼教界是个时髦词，不知道现在全国有多少家幼儿园在用这个旗号。蒙台梭利教育思想的核心是"给孩子自由"，她发明的教具，只是一些外化手段，是辅助性的工具，只有当它们被恰当地运用，才能体现她的思想。而现在很多挂着她的大名的幼儿园，只借用了她的教具，却把这些教具使用到她思想的反面。

弗洛姆说过："在一切爱的关系中，自由最重要。"这句话适用于亲子关系、夫妻关系、婆媳关系、恋人关系等。现实生活中我们也可以看到，几乎所有良好的关系都没有太多的教条和琐碎的管制，都是在亲切的相处中为对方留下自主的空间，允许对方按他自己的愿望去做事，允许他做得不够好而较少苛刻。"只有品格高尚的人，才能够对彼此的品行感觉到一种完全的信赖。这种信赖使他们能够在任何时候放心地相信，相信彼此不会冒犯。恶行总是反复无常的，唯有美德是恒常有规则、守纪律的。"[1]

"规矩太多，不成方圆"要求我们在生活中力求做减法，而不是做加法。但减法总是比加法难做。吃得少比吃得多难，小富即安比贪财爱利难，低调自谦比张扬炫耀难。教育孩子，说得少比说得多难，放手比管制难……总的来说，做加法需要能力，做减法需要智慧。处处以"规矩"来制约孩子，表面上很辛苦，实际上这比处处对孩子放手容易得多。谁不知道一个规矩的孩子确实比一个不规矩的孩子更容易管理，更令家长轻松且有安全感？

教育家陶行知先生在一百年前写的一首打油诗，字面浅显，内容却非常丰富，"生来不自由，生来要自由，谁是真革命？首推小朋友。"

最近看到诗人海桑的一首诗，《一个小小孩》，犹如对陶先生诗的补

---

1 [英]亚当·斯密，《道德情操论》，谢宗林译，中央编译出版社，2010年4月第1版，283页。

充和延伸，在此引用作为本文的结尾。

一个小小孩，如果他干干净净

衣帽整齐，如果他规规矩矩

这可并非一件多好的事

如果他一开口

便是叔叔好阿姨好再见再见你好

如果他四岁就能让梨

这又有什么意义

一个小小孩，应该是满地乱滚

满街疯跑，脸和小手都脏兮兮的

还应该有点坏，有点不听话

他应该长时间玩着毫无目的的游戏

他是一只自私、可爱又残酷的小动物

他来到世上，是为了教育我们

让我们得以再一次生长

而不是朽坏下去

"有本事"的家长为何培养出"没出息"的孩子

　　一些学历较高或事业很成功的家长，作为社会人，十分优秀，作为家长，太强权了。在家庭生活中如果不有意识地约束自己的能量，就有可能对身边的人形成超强的控制力。世间万事，过犹不及，虽然这种控制力主观愿望是好的，可在客观上却形成对他人自由意志的剥夺。

　　家庭生活中的"控制"常常在不经意间发生。而且我发现，家长的社会化程度越高，这种控制越容易发生。所以我们会看到一种奇怪的现象，某些父母能力非凡，事业成功，社会地位出色，在孩子的教育上也很用心，可他们的孩子却懦弱、笨拙、自卑、消沉，没成为出色父母的"翻版"，却几乎是父母形象的"反面"。人们对此现象最浅薄的归因是遗传在这里失灵了，孩子自己没出息，很少有人能看到这背后的深层原因正在于父母的强势。

　　有位重点大学的教授，她自己当年从农村考大学进入城市，一直读到博士。老公是她大学同学，也是从农村考上大学，能力非凡，是一家大型企业的总经理。他们有一个儿子，叫晓航，已上大学。本来这该是一个多么令人羡慕的家庭，但现在一家人却陷入了深深的痛苦中。儿子晓航虽说是上大学了，可高考成绩并不理想，勉强上了一个很不起眼的学校，这已经让父母深感失望。更糟糕的是，从第一学期开始，他就有几门课考试不及格，到第二学期有更多科目不及格，且开始不去上课，整天打网游，几乎不和同学交往。父母没收了他的电脑，他就到网吧，通宵不回宿舍。到学期结束时，不参加考试，以至于学校给他下了最后通牒，如果再这样下去，就要开除。

当这位母亲先给我写邮件陈述孩子的情况时，我就有强烈的直觉，估计是他们对孩子的管理出了问题。待她专程来找我咨询时，经过细致的了解，我几乎看到了孩子的现状和父母教养方式之间全部的因果关系。

父母在学业上勤奋、工作上自律，践行了知识改变命运、奋斗改变人生的箴言，于是，他们要把自己的行为全部推广到孩子身上，错误也就从这里开始了。

据教授说，她从儿子一出生，就注意培养孩子良好的生活习惯和吃苦耐劳的精神，认为这是一个男孩儿成长为男子汉必备的条件。所以从孩子稍懂事起，就为孩子制定了严格的作息时间和行为规范，如果孩子不听话，妈妈爸爸就会提出批评，生气了也会打孩子。学前阶段，晓航都表现得非常听话，也很聪明，显得比同龄人出色。上小学后，为了培养孩子良好的学习习惯，她给孩子制定了详细的作息时间，规定必须几点钟到几点钟写作业，每天看电视不能超过半个小时，阅读不少于一个小时，必须几点睡觉，考试错误率不许达到百分之几以上，等等。

开始孩子表现得还不错，每天都能按照家长的规定去做计划中的每件事，成绩也不错，总在班里前几名。但孩子的自觉性好像一直不能培养起来。日复一日，几乎所有的事情都是在催促和监督之下才能完成，没有一件事不磨蹭，从早上起床、吃饭到晚上写作业、洗澡直至睡觉。

而且随着年龄的增长，他变得越来越逆反，似乎凡是父母的主张，他都要抗拒。比如在选择课外班方面，家长觉得孩子太内向懦弱，为了培养男子汉气质，给孩子报了跆拳道班；考虑孩子经常在学习上不专注，为锻炼他的专注力，报了围棋班；听说游泳最能强健身体、塑造体形，又给孩子报了游泳班；同时，为培养孩子的艺术气质，又单独请一位老师教孩子吹萨克斯。选择这些课外班，家长都是再三考虑过的，晓航却一个都不接受。这些不如意的表现，尤其惹得他爸爸生气。

晓航父亲做事雷厉风行，是位系衬衫纽扣都会想出不同的方法以节省时间的人。他在外是出色的总经理，回家也常常无意中当"总经理"。和孩子有限的相处中，多半是在"检查工作"和"发号施令"，交流方式总是很武断；并常常以自己当年读中小学时的上进和自觉来教训儿子的不自觉不上进。晓航一直惧怕爸爸，从不主动和爸爸说话，父子间的对话仅限于提问和简单回答，宛如上下级。

但不管怎样，晓航在小学阶段的学习成绩还是不错的，能保持在班级前几名，所以初中也进入了一所不错的中学。

家长原以为晓航进入中学能在学习及生活方面主动些，但事实却更不如意。他不但各种好习惯没养成，学习成绩也越来越平庸。在生活习惯和学习习惯的培养上，家长动过很多脑子，设计过很多奖惩办法，这些方案在制定时也征得过孩子的同意，可到最后由于孩子不配合，都执行不下去，在和家长的一次次争吵冲突中，不了了之。

当时晓航唯一感兴趣的是电脑游戏，家长规定每天只能玩一小时，事实却是他完全不按事先的规定行事，每天都找借口拖延下机时间，常常需要父母强制关机，为此又没少发生冲突。为了分散孩子对网游的痴迷，他们建议晓航去参加一些其他活动，父亲还在百忙中抽时间陪他一起去打篮球。这个细节做得比较成功，晓航很快喜欢上了打篮球。因为他家就在大学校园里住着，校园里有几处随时开放的篮球场，晓航在球场上新认识了几个同龄朋友，感觉很能玩到一起，班里有几个爱打篮球的同学也不时地来找他一起去打球，这让晓航很快对电脑游戏失去兴趣。

但随之而来的问题是晓航又对篮球太迷恋了，又陷入玩起来就不管不顾的状态，除了周末两天要打，寒暑假整个假期，几乎天天要去打。家长又开始焦虑，觉得他花在球场上的时间太多了。自从不玩电游后，晓航在学校的成绩排名虽然进步不少，但离理想的名次还差很远，父母认为他如果能再用功一些，名次还会大幅向前进步，于是又给他规定，不管平时还是假期，每周只许打一次，每次只许打一个半小时，包括路上的时间。孩子每次到球场前都答应按时回家，却总不兑现承诺，妈妈就会生气地跑到球场，强行把儿子叫回来。这弄得孩子非常不高兴，说妈妈弄得他没面子，同学们也都玩得不爽，他以后没法和别人玩了。

说到这里，教授沉默了一会儿，语气有些痛悔地说，可能我当时做得有些过分了，孩子在人际交往方面一直表现得胆怯，那本来应该是一个很好的同伴交往机会，那段时间确实看到他和同学往来得很好，脸上似乎也有了自信，可我没在意这事。后来，大家确实不再找我儿子打球了，我当时心里还暗暗有些高兴，认为马上要上高中了，三年关键期，少玩点也没什么，如果他能在学习方面多用些功，上一所好大学，进了大学再打篮球、再交朋友也不晚。

听到这里，我也几乎要跺脚叹息，这是多么好的一个转机，可惜又被家长破坏了。不过，不需要我再说什么，显然教授已意识到自己的过失。

在教授接下来的陈述中我得知，晓航不打篮球之后，重又陷入了对电游的痴迷，父母强行关电脑，他就玩手机。为了玩手机，会在卫生间蹲两个小时，经常需要强行叫出来。高中几年，几乎全部是在和父母的冲突中走过，学习成绩每况愈下，高考成绩很不理想，只上了二本线。报考大学专业时，晓航想学计算机，但父母觉得他学计算机不过是为了满足玩电游的欲望，将来不好找工作。于是硬说服儿子报考了父母上大学时所学的专业，因为父母现在研究的领域和从事的行业就是这个，将来好为他安排工作，妈妈还建议儿子将来报考她自己的硕士和博士。为这事，他们又和孩子发生冲突。父母认为选专业的事，是一辈子的大事，关系到将来的生存和发展，所以绝不让步。父亲更是一着急说出这样的话："就你这样子，将来能自己找到工作吗？还不得我帮你的忙！"最终孩子屈服，只提出一个条件，不在本地上大学，一定要到外地上大学，这一点父母原本也不同意，后来勉强同意了。

孩子进入大学后，父母以为接下来只是需要为他的工作铺路了，却没料到孩子一旦离开父母的监督，完全失控。现在看来，学业基本上不可能完成，很难毕业。毕业不了，就找不到工作，将来怎么办呢？说到这里，这位好强而成功的教授流下了作为一个母亲的伤心的眼泪，她哽咽着说，我小时候家长根本不管，全凭自觉，可我的孩子，我为他付出了多少心血，他却这样。你说，一个人的成长，到底是取决于教育还是他的天性？

她这样发问，显得有些幼稚，和她刚才流露的理性及自我反思很不符。也许她潜意识里希望我说出是取决于天性，那样她可能会稍有安慰，失败感会有所减轻。但我知道事实上她心中已有答案了，她已意识到是自己对孩子的教育出了问题，所以，现在最需要的不是安慰，而是点破和正面强化。所以我在安慰过她后，坦率地对问题进行了进一步的剖析。

我说，天下没有完美家长，几乎所有的家长都会犯错，你们当然也不例外。家长犯少量的错误是正常的，犯得多了，就是问题。你们对孩子犯了很多错误，所有的错误概括起来，其实都是一个，就是家长太强势，不给孩子自由，也不给他自信。你的孩子降生在一个物质优裕的家庭，却一直戴着精神枷锁成长。

教授脸上现出难以接受的表情，我停止说话，给她茶杯中续上水。

沉默了一会儿，感觉她对我刚才的话在情绪上有所消化，然后继续说。

你说你的家长"根本不管"你，也许你认为这是一种不尽职，但从教育的角度看，恰是对你的一种成全。当年你们的家长文化程度不高，在精力或教育意识上的不到位，客观上减少了对你们的控制，恰为你们的自由成长提供了空间。你们像撒落在原野上的种子，在没有重大外力破坏作用下，凭借着适当的雨露和阳光，即一些良好的教育契机，比如遇到过几个不错的老师，在学习上获得过成就感，或偶尔发现了阅读的乐趣，有较充足的玩耍时间等等，你们的潜能于是得以充分发挥。

而一些学历较高或事业很成功的家长，像你和你的先生，作为社会人，十分优秀，作为家长，太强权了。在家庭生活中如果你们不有意识地约束自己的能量，就有可能对身边的人形成超强的控制力。世间万事，过犹不及，虽然这种控制力主观愿望是好的，可在客观上却形成对他人自由意志的剥夺。你儿子从小到大，需要事事听命于家长的指令，没有玩耍的自由，没有时间安排上的自由，没有发展爱好的自由，没有选择专业的自由，家长几乎安排了他的一切，也不允许他犯错误，甚至不在乎他的面子……你们以为这就是教育，以为父母为孩子付出了很多，为孩子创造了好条件，其实你儿子一直生活在一种半窒息状态中，他的自我管理能力一直没有机会成长，只能慢慢萎缩。上大学前，只是因为父母的支撑，才能勉强应付学业。高考几乎耗尽了他原本不多的能量，一旦离开家，远离父母的操纵，又面对不喜欢的专业，他肯定无力管理自己，心理和意志出现崩溃，陷入半瘫痪状态，这种情况其实并不意外。

教授的表情有惊讶有迷茫更有痛苦。我知道，我说得越到位，她此时越会心如刀绞。但能看得出，她理解了，只是需要一个适应过程。所以我们沉默着对饮了一杯茶后，我又补充了下面的观点。

现在，"富二代"或"官二代"成了"问题青少年"的代名词，社会习惯于把原因归咎于他们的父母为富不仁或为官不仁，这种归因太简单。

我相信绝大多数"富二代"和"官二代"孩子是好的，数一数我们听说的"问题青少年"，就可以知道他们在群体总量中占的比例极小，只是媒体把他们放到聚光灯下，放大了他们的影响。去掉偏见，客观地说，很多富人和官员是我们社会的精英，他们绝不会蠢到故意纵容自己的孩子放肆和堕落，恰恰相反，他们会比常人更期望孩子优秀，更害怕孩子出问题。如果有些人的孩子出问题了，父母的榜样作用是一个原因，更多的恰是被管制过度了。父母能量越大，对儿童自由的剥夺越多，出现的后果就越严重……作为优秀的社会人，这是生产力；作为强权家长，则是破坏力。

她突然对我说，你的分析确实有道理，让我想到了我和我弟弟。我们俩的成长，可能正印证了这一点，我以前怎么就没想到呢？

下面是教授的讲述。

小时候，我每天要帮父母干家务活儿和农活儿，弟弟被父母宠爱，什么也不干，我心里不平衡，觉得委屈，内心总是苦闷。我大约十岁时，偶然一天，在村里一家人的炕上发现一本书，一下子就被吸引了，以至于忘了回家，结果被妈妈骂一顿。但那本破旧的书有一种魔力，吸引着我，我抑制不住地在第二天尽快做完家务活儿，又跑到那家人那里去读那本书。我发现，他家有很多我从没听说过的书，如《三国演义》《红楼梦》等等。那家人很好，允许我看，但不允许带走，我就常常跑去坐在人家屋里或院子里看。尽管我一再注意按时回家，却常因看得太入迷忘了时间，耽误了干活儿，为此也没少挨父母的责骂，责骂声中，我读了几十本中外名著。小学毕业时，父母本不想让我再上学，我哭着抗争，一定要上。当时上学没有目标，只是为了逃避繁重的家务活儿。我读初一时，国家恢复高考，这让我看到希望，开始用功学习。学习对我来说并不是件难事，我成绩非常出色，经常是年级第一名，所以到升高中时，父母就没再阻拦，然后我顺利地考上了大学，成为村里第一个大学生，这是父母万万没有想到的。

弟弟比我小五岁，从小显得聪明伶俐，父母原本一心要把他培养成大学生，尤其我考上大学后，他们对弟弟更用心，什么活儿也不让他干，父母的口头禅就是"只要你好好学习，我们累死也心甘情愿"。可弟弟一直不自觉，成绩也不好，最终没考上大学，且脾气暴躁，好逸恶劳，什么也干不了，这让父母大失所望。在我父母以及村里人看来，我弟弟天生就没出息，和我在一个家长大，父母对他也更用心，他却稀泥糊（扶）不上墙。现在看来，虽然生活在一个家里，我和弟弟遭遇的教育却是不一样的。正是因为父母对弟弟管制太多，在学习上给弟弟压力太大，动不动因为学习的事情打骂弟弟，弟弟才变得越来越笨，越来越不上进。

我点点头，感觉她分析得非常好。

教授又叹息说，我一直以为自己是个认真负责的好家长，没想到自己教育孩子的水平根本没超过我的父母，甚至还不如他们。我不过是个拿锄头雕刻美玉的农夫，这二十年，生硬地把一块璞玉一点点砸成小石头。你说我以后怎么办呢，怎么才能把我对儿子造成的伤害修复好呢？我儿子还有救吗？

能想象出这位母亲此时内心有多痛悔。我如实说，并不是所有的伤害都可以修复，有些伤害就是伤害，造成的阴影会绵延一生，无法痊愈。但这并不意味着这个人就完了，因为绝大多数人都是带着童年时代的某种心理创伤长大的，区别只是轻重不同。就像人的机体有很强的自我修复能力一样，人的心理也是这样。先找到真正的病根，消灭致病原因，这就等于治愈了一半；然后对症下药，情况肯定会有好转。所以，你首先要树立信心。你孩子的问题是由于从小受到的管制太多，那么从现在开始，把自由还给他，让他慢慢学会为自己做主。眼下你们要解决的主要矛盾是他的学业问题，按你们以前的办法，孩子不想上课不想考试，家长就是通过劝说和批评，逼迫他必须回到课堂。那么，改变一下，把这个重大选择交给孩子吧，他已是成年人了，你要相信他有选择自己生活的权利和能力。你们要做的，就是给孩子理解、欣赏和建议——请注意，一定仅仅是"建议"，不是披着建议外衣的说服。

教授后来和我一直保持着联系，后面情况大致是这样的。

她回去后，跟孩子谈了一次话，剖析了自己和他父亲这么多年来在教育方面的失误，真诚地表达了作为父母的痛悔之意，这让孩子很是惊讶，然后不置可否。可能因为父母以前也曾给他道过歉，孩子并不认为这一次道歉和以前的有什么不同。但她接下来的话让孩子肯定没想到，她告诉孩子，她现在完全理解他不想去上课和考试的心情，让孩子不要着急，想想自己接下来怎么办。她给孩子的建议是休学一年，到全国各地，甚至世界各地旅游，同时读些自己想看的书。

孩子同意休学一年，休学后并没有像家长期望的那样去阅读或旅游，而是把自己关在卧室，整天昼夜颠倒地上网玩游戏，不洗头发不洗澡，也不出去和任何人交往，甚至不和父母说话。

开始时，这种情况才持续了十多天，教授夫妇就难以忍受，打电话向我求助。我告诉她不要急，孩子的心理从无序走向有序，必然要经历一个混乱期。就像我们的衣柜，如果一开始我们只是满足于表面的整洁，根本不注意什么东西该放在什么位置，胡乱往里塞，到柜门关不上、领带找不到的那天，想要重新整理时，就需要把里面的东西都拿出来，这时，床上、地上堆满了东西，整个家都乱了套，似乎还不如以前呢。但只要怀有信心，假以时日和合理安排，最后总会呈现出真正的有序。

教授在这半年中经历了无数的心理煎熬，孩子的表现经常令她崩溃，极度无助时就会给我打个电话。这个过程，与其说在等待孩子变化，不如说她自己翻越了最艰难的心路雪山。她还要去说服丈夫，让丈夫理解当下任孩子"堕落"的意义，阻止丈夫破坏性的行为。她不仅自己翻雪山，还搀着一个人去翻！我很佩服她自我批判的勇气和自我反思的能力，这个瞬间，我看到了一个学者的理性和智慧。

她不但放弃对孩子的控制，同时给孩子赋权。小到让儿子决定晚上吃什么、周末去爬山还是睡懒觉，大到她的课题选题哪个更好等等，在各种事情上都尽可能让孩子感觉到他自己有想法、有能力、有话语权，让他感觉父母多么需要他。慢慢地，儿子不再抗拒她，开始和父母有了交流。半年后开始变得有笑容了。教授说，在孩子刚休学的第一个月，她其实心里还是有些不能真正接受儿子不上学的现实。促使她彻底改变的一件事是，她有一次无意中看到儿子写在电脑中的私密日记，惊出一身冷汗，儿子居然有自杀的打算，开始写死亡倒计时日记。她万万没有想到儿子活得这样痛苦，连生命都打算放弃了，而自己以前却只是简单地在"上进心"问题上和孩子纠缠不休。

联想到现在大学里动不动就有学生跳楼自杀，她开始了真正的反思，什么是教育，什么是给孩子真正的幸福？所以孩子休学一年后，还是不想回学校，提出想退学，她对孩子说，妈妈相信你这个决定不是随便做出来的，你肯定是想好了才提出来的。听从你内心的召唤，选择你愿意选择的，这肯定没错。

她知道儿子当时并没想好退学后去做什么，为了不让儿子焦虑痛苦，她安慰孩子说，你可能眼下没想好下一步去做什么，不着急，人生很长，寻找路径也是生活的一部分，俗话说车到山前必有路，跟着感觉走就可以了。无疑，妈妈的话给了儿子巨大的安慰和信心。办了退学手续后，她儿子又在家里"堕落"了半年，然后有一天突然对她说，感觉在校园里开个果蔬饮品店应该不错，然后对妈妈讲了他的分析和计划。她没想到儿子把事情讲得头头是道，而且想法已比较成熟。当然，妈妈是全力支持，和孩子一起研发了几种产品，又租了一个几平方米的小店。

自己是大学教授，儿子是校园里卖饮品的，这在以前是绝不可能想象的。教授说如果不转变观念，且不说考虑孩子的前途，单是出于自己的虚荣心，她也受不了。但现在，她完全能接受这一切。儿子的变化至少让她放心了，也看到他自立的希望。

教授后来陆续写邮件告诉我，她儿子的饮品店开得很好，因为货真价实，且她儿子对谁都很友善，生意一直很好，还在另一所大学开了分店，雇了小伙计。至于他将来是生意越做越大当老板，还是一辈子就开小店过小日子，或是再回校园上学，重新开始一种选择，这都顺其自然吧，人生中最重要的是有正常的日子、有幸福感。她相信孩子只要有正常心态，总会找到自己的生存之道的。她和先生经过这两年的反思，悟出的一条重要道理就是："在外是总经理，回家也是总经理"是家长的大忌，也是整个家庭生活的大忌——这个朴素的认识得来不易，使他们家庭生活中很多问题迎刃而解，更使他们和孩子的关系变得越来越亲密和谐。

永远正确的家长最失败

"永远正确"的家长放下自我中心念头，他不是降低了自己，而是推开生命的另一扇窗户，阳光会照进来，洒满孩子和自己的世界。走出永远正确的幻境，就是开始走出失败的厄运。

一位朋友电话告诉我一件事：我们共同认识的一位熟人的孩子因重度抑郁几年不愈，被迫从大学退学，现在住进精神病院。这个消息让我吃惊，但并不意外。我们都知道这个孩子是怎样一步步走到今天的。

这些年，看着孩子在父母制定的各种完美的规矩、期望和严格要求中艰辛地活着，每况愈下，有时会忍不住劝告这对父母：也许要改变的是家长自己。换来的总是他们的惊讶和生气。

听朋友说，现在，我们认识的这位熟人痛苦地到处跟人说，她刚知道孩子父亲的一个叔叔有精神病，孩子的病是遗传……

养育孩子是一件时间跨度长、问题层出不穷的事情，一旦有问题，必定意味着有一个问题根源。如果家长相信问题根源肯定不在自己这里，那唯一的过失者就是孩子自己，他天生有问题。这样，家长就成了受害者、无辜者。

2010 年，某音乐学院大学生药家鑫开车撞人致对方轻伤，却下车将受害人连扎八刀，致其死亡。其手段之残忍、心态之畸形令人惊愕。据媒体报道，他在法庭上提及父母对他管教严厉，尤其从四岁开始学钢琴后，父母经常为练琴的事殴打他，甚至把幼小的他关在地下室进行惩罚。他和小伙伴发生冲突后，回家不但得不到父母一句安慰，反而会挨打，他父亲的逻辑是我不管你什么理由，只要在外面打架，回来我就打你。

药家鑫之所以在法庭上陈述这些，应该是他已意识到自己问题的出处。病态的教育必会导致病态的结果，药家鑫成长的过程就是心理畸变的过程。父母长期以来的苛求、责难、体罚，在明处培养出一个会弹钢琴的大学生，暗处却制造出一个心理和道德变态者。虽然在事发时他已是成年人，法律上自负其责，与父母无关，可谁能说他的残忍和不可理喻与他的家长无关？然而他父亲对媒体这样说："我们夫妻俩为他倾注了毕生的心血，他却以自己的行为彻底摧毁三个家庭。我们对他的恨，远远大于任何人。将来法律怎么判他，都是他应得的。"

药父和前面提到的我的那位熟人，作为家长，他们有一点是相同的：孩子出现问题，与他们无关，他们自己从来没有错，错的是孩子自己。不能说药父在故意说假话，只能说，他的思维方式只能让他这样想、这样说。

像药父一样的父母现在其实并不在少数，他们分布在各文化层次中。由于他们永远正确，所以他们不需要学习，他们既不需要被教育，也不需要去改变，更不需要去反思。反思意味着自我质疑和自我分析，这与他们的永远正确的自信是相悖的。当孩子出现问题时，他们会不遗余力地在孩子身上或其他地方，如学校、教师、社会、基因、遗传等方面找出原因，花再多的力气，也在所不惜。

但是，上帝似有不公，永远正确的父母，总是一群最失败的家长。

其中原因，分析起来很简单。

首先，生活中总有种种矛盾出现，如果父母从来没错，犯错的就只能是孩子。一个孩子经常领略自己的失败和窝囊，他会慢慢地形成一个稳定的认识：自己不行。

其次，父母永远没有错，孩子就看不到认错的榜样。虽然他经常被要求认错，而他学到的正是"我从来没有错"，渐渐养成爱自己的想法超过爱一切的固执习惯。

再次，永远正确的家长总是不停地给孩子各种建议和要求，孩子没有思考的机会，尝试精神和判断力一点点萎缩，慢慢变成一个成年的幼儿，以一棵藤存在而不能以一棵树站立。

"永远正确"的家长古今中外一直有，但在当下，更成为一种愈演愈烈的社会现象。

例如，媒体经常有对问题青少年的报道，在明明白白讲出家教的症结后，结尾处却总是掉转枪口，把批评的矛头指向孩子，家长的过失总被轻轻一带而过，甚至完全抹去。

还有一种情况，现在儿童和青少年心理问题很多，神经官能症成为高发病，抑郁症、多动症、自闭症……各种症状被一样一样地推给遗传或基因，这使问题陷入更难解决的境地。对此，著名社会心理学家 A · 阿德勒早已指出，把儿童心理问题推给遗传或天性这种宿命论的抬头，总是发生在人们想要逃避责任时。

这种现象以前有，现在更甚，将来也还会有。

科学史上有一条重要法则，"假设有某个对立方能永远处于强势地位，那么世界的秩序就将遭到毁灭"。这也解释了为什么永远正确的家长最具破坏性。虽然不是有意而为，他们对孩子的爱也不必怀疑，但一个孩子培养得好不好，从来不单纯是目标的问题，更是方式的问题。教育方式决定了，父母之爱可能是一座花园，也可能是一间牢狱。

教育的真正准备是完善自己。

从为人父母那天起，面对一个完美、独立、有无限潜能的生命，让自己变成一个不断自我完善的谦卑者，而不是荣升为一个没有过错、不可以被指责、具有完全操控权的君主。

知不足者好学，学然后知不足。没有人能成为一架精密仪器，没有过失的家长是不可想象的。父母之爱应该是水。上善若水，如水的爱，一定包含着适时的自我调整、自我改变，它至纯至真至善至美。

"永远正确"的家长放下自我中心的念头，他不是降低了自己，而是推开生命的另一扇窗户，阳光会照进来，洒满孩子和自己的世界。走出永远正确的幻境，就是走出失败厄运的开始。

第三章

不做穿西装的野人

暴力教育能让孩子变得顺从，不能让孩子变得聪明和懂事；能让他们变得听话，不能让他们变得自觉和上进——暴力教育能得到一些暂时的、表面的效果，但它是以儿童整体的堕落和消沉为代价的。

3

CHAPTER

"暴力教育"里只有暴力，没有教育

暴力教育能让孩子变得顺从，不能让孩子变得聪明和懂事；能让他们变得听话，不能让他们变得自觉和上进——暴力教育能得到一些暂时的、表面的效果，但它是以儿童整体的堕落和消沉为代价的。

家庭成员间的关系，是生命中最深刻的一种人际关系，在这样一种关系中所体会到的东西，或好或坏，都会给儿童留下终生印象和一生影响。

常听人们说：我脾气不好，遗传了父母的脾气。仿佛这"脾气"是娘胎里带来的。事实上"脾气"不是来自血脉的生物遗传，是来自生活体验的心理传递。

如果一个孩子从小挨打受骂，虽然他本人就是家庭暴力教育的受害者，可他长大后多半会用同样的方式对待自己的孩子，同样顾及不到孩子的感受。不是他不爱自己的孩子，是不会爱，缺少爱的能力。

我的一位女同学，她在工作、人际关系等各方面都很出色，却经常在家里打骂孩子。有一次我们聊天，她谈到她父亲时，历数其父的不是。

小时候她父亲经常打她。她觉得父亲当年打她那些理由一个都站不住脚，对父亲的行为充满蔑视，甚至有一种仇恨感。后来我们聊到她的孩子，她又历数孩子的不争气，讲了一串孩子该打的事例。当我表示她对孩子的态度是来源于她父亲的粗暴时，她对此断然否定。说她和父亲不一样，她父亲打她没有道理，而她打儿子都是有理由的。

是啊，我们小时候家里缺的主要是粮食，所以孩子把饭烧煳了会挨打。现在的孩子绝不会因为这事挨打，他们挨打的原因可能是考试不好或上网——可这是区别吗？这位女同学和她的父亲其实都因为同一个原因打孩子，即孩子惹自己不高兴了，他们对幼小的孩子共有的"教育方式"就是拳头。从做家长的修养上看，他们其实是很相像的。

教育家苏霍姆林斯基说："大声叱责，这是人们相互关系中修养很差的基本特征。凡是出现大声叱责的地方，就有粗鲁行为和情感冷漠的现象。用大声叱责（家庭中还有拳头）教育出来的孩子，失去了感觉别人最细腻的感情的能力，他看不到也感觉不到周围的美，他非常冷漠无情，毫无怜悯心，在他的行为中有时会出现往往是人身上最可怕的表现——残忍。"[1]

打骂孩子可能会解决眼前的一个小问题，却给孩子的成长留下大隐患，创痕会伴随孩子一生。经常挨打的孩子，他的身心两方面都会受到损害。他从家长那里感受到的是屈辱，体会的是自卑，学到的是粗暴，激起的是逆反。就像人冷了会起鸡皮疙瘩一样，他会不由自主地在心理和生理上发生一系列改变。

蒙台梭利博士说："每种性格缺陷都是由儿童早期经受的某种错误对

1 [苏]苏霍姆林斯基，《公民的诞生》，黄之瑞、张佩珍译，教育科学出版社，2002年4月第1版，338页。

待造成的。"[1]

打骂的方式绝不可能让孩子健康成长，只能让他的心理扭曲。一个心理残疾的人，远比一个生理残疾的人更糟糕，而且多一层可怕。2008年奥地利曝出一件让整个国家蒙羞、让全世界震惊的事件。一位叫约瑟夫的父亲，在地下室囚禁他的女儿长达二十四年，并对其实施性迫害，致使其生下七个孩子；并且还虐待自己的母亲，把她关在阁楼上，经常让她忍饥受冻，直至死去。当代社会为什么还存在这样的"超级野人"？媒体挖掘的一些报道应该能说明问题：约瑟夫在童年时，经常遭受来自母亲的暴力和虐待。

这是个极端的例子，很典型地说明，畸形的家庭教育会给一个人带来怎样的恶果。

在严厉家庭环境下长大的孩子，会变得自卑、性格内向，缺少人际沟通能力，缺少自我反思和自我管理能力，脾气坏，甚至堕落，等等。也有生理上的反应，如呕吐、腹泻、胃肠疾患以及失眠等。

童年时代的每一种体验都会在生命中留下痕迹，教孩子没有"小事"，每件小事都是深刻影响着他成长的大事。每件小事都是最初抓在手心中的那把雪，可能滚成一个硕大的雪球，对未来形成巨大的影响——同时也像一个比喻说的那样，南美的一只蝴蝶扇动翅膀，有可能引起北美的一场龙卷风。

现实生活中当然也有一些事例佐证着"不打不成才"的观点。

2005年看到网上一篇报道，说沈阳一个十三岁女孩，在一个国际青少年钢琴大赛中获得冠军，而这一佳绩居然是她的父亲在三年时间里抽

1 [意]蒙台梭利，《蒙台梭利幼儿教育科学方法》，任代文译，人民教育出版社，2001年5月第2版，522页。

女儿四百个耳光得来的。这仿佛是一个典型的"不打不成才"的例子，它不知会让多少父母相信用耳光可以促进孩子"成才"。

可是，一个平均两三天就要挨一记耳光的孩子，尤其是个女孩子，她会成长为一个怎样的人呢？耳光打在皮肤上的痕迹很快会消失，但留在心理上的创伤能消退吗？女孩要长大，她将不只是个"弹钢琴的人"，她还会是个有很多种角色的人。作为更多的角色，她将会表现出怎样一种面貌呢？如果说这个个案有代表性，它不代表一种成功教育，只能代表一种畸形价值观下危险的做法。它在用一个单一成就，去赌孩子人格健全与一生的幸福。

我曾见过一位母亲，她得意扬扬地说："孩子就得打，我那孩子，只要揍一顿，或臭骂一顿，立刻就听话了。"可以断定，这位母亲只能在孩子还未成年时，在着眼于某一孤立事件时，并且在她毫不关心孩子的幸福感时有这份得意。她的得意不真实，也不会长久。

我还认识一位女孩子，她很漂亮，学习出色，工作能力强，看起来性格也活泼开朗。在她身上似乎找不到缺点。只是一直以来她胃肠功能不好，二十岁上大学时患急性胃穿孔，差点要了命，胃被切去三分之一。医学上早已发现，慢性胃肠疾患和人的消极情绪以及压力有关。从她的疾病及偶尔流露的一些性格特点，我估计她儿时一定承受了巨大的心理压力，有心理创伤。果然，后来有一次我们随便聊起来，她说她妈妈从小打她，打得非常狠。比如有一次她放学后到妈妈单位拿家门钥匙，走时忘了和办公室的阿姨说再见。就这么点事，她妈妈半夜加班回来，一把将她从被子里拎出来，暴打一顿。她说当时自己正睡得香，冷不丁挨打，根本都不知道为什么，而类似的事发生过很多次。

她可能是为了维护她妈妈的面子，说她一点都不怪妈妈，甚至说正是因为她妈妈那样严格要求，她才有今天。我发现她总是无节制地吃各种零食，尤其是刺激性的食物。胃部切除手术后不久，就不顾医嘱暴饮暴食，导致又发生胃出血，好长一段时间不能吃饭，稍好一些，又开始无节制地吃。我劝她少吃零食，她说她经常心情不好，吃零食能缓解心理压力，所以顾不了那么多——这个坚强的女孩，真是把所有的痛苦都自己扛，零食成了她一直以来的心理去痛片。我不知她妈妈知道这些事情之间的因果关系后，想到女孩的身心健康时，是否还能骄傲得起来？

很多人信誓旦旦地认为孩子就该打，理由是他自己就是从小被打大的，并且他自己成长得不错。在各种资料中，也不时地会看到有的成功人士讲他如何因为挨了打而一下变得懂事。我不怀疑他们挨打的真实性和成功的真实性，但绝不认为这二者之间有因果关系。

有的人确乎在挨一顿打之后有很大变化，但变化的内驱力不是挨打本身，而是另外一些积淀已久并较为完备的东西，并且这一场打骂之所以能奏效，能让一个人警醒，也正可贵在这"偶然一次"上，如果是经常性的，还有用吗？

以前看过一条消息，一个孩子从出生后一直不会说话，但耳朵好使，有一天孩子不小心掉进枯井里，一下喊出了"救命"，从此就会说话了——因缘际会的巧合也需要在一些条件下实现。如果说打骂可以让一个人成才，如同说把人推到井里就可以治聋哑——这是不成立的，是乱归因。

暴力教育能让孩子变得顺从，不能让孩子变得聪明和懂事；能让他们变得听话，不能让他们变得自觉和上进——暴力教育能得到一些暂时的、表面的效果，但它是以儿童整体的堕落和消沉为代价的。通过打骂来促成孩子学业进步，结果只能让孩子对学业感到厌恶；用打骂来让孩子听话，孩子只会变得更加逆反固执；用打骂让孩子做个好人，孩子只会在责难下心理扭曲变态。

人们在挖掘一个人的成功或失败的原因时，习惯从宏大的视角和背景着手。事实上，在同一种文化形态和公共教育理念下长大的孩子，他们之所以成年后在道德、人格及能力上有巨大的差异，在于他们最重要的生活场所——家庭以及生命中的第一启蒙者——家长教养态度的不同。

把一个人的美德归功于他个人的用心和社会的培养没错，但不要忘了给从小抚养他的那个人挂上一枚奖章。

而与此形成对比的是，一些恶棍，尤其是一些刑事罪犯，他们的家长没有理由得到同情。尽管他们的家长主观上没有把孩子引上邪路的恶意——哪怕是坏蛋也希望他的孩子是个好人；但他们粗暴的教养方式扭曲了孩子的心灵，他们自身的言行教会了孩子如何恶劣地对待他人。

某些媒体和个人在报道一些犯罪事件时，经常习惯于把罪犯的问题归结到社会、时代或学校那里，这是板子打在空气中，不能切实地找到问题的根源，不能触动家长们进行自我反思。从人格成长的承接性和延续性来说，每个罪犯的恶行根源都在家庭中，这些家长都应该向他们的孩子忏悔，向社会和人类忏悔。

不要因为孩子听话才爱他，不要因为他取得了某个成绩才欣赏他，更不要因为他不遂我们的心就去打骂他。父母之爱应该是无条件的，对孩子的尊重也应该是无条件的。

我们可以从书中以及我们周围的人群中看到，优秀孩子的家长，他们一般都很民主，遇到事情总是能心平气和地和孩子探讨解决，非常讲究方式方法——最基本的态度是尊重孩子、欣赏孩子。即使孩子犯了错也只是就事论事，决不牵扯其他，当然更不可能打骂。结果就是，他们的孩子似乎分外懂事，根本就不需要他们操心费力。

苏联杰出教育家马卡连柯说："家庭生活制度一开始就得到合理发展，

处罚就不再需要了。在良好的家庭里，永远不会有处罚的情形，这就是最正确的家庭教育的道路。"[1]

一些欧美国家从法律上严格禁止打孩子。我国打孩子现象之所以现在还比较普遍，首先是受传统观念影响，认为老子打儿子天经地义，再一个是缺少法律制约。

目前我国有一些保护少年儿童的法律法规，但都是一些粗线条的概念，不具有现实约束力。打孩子从来被认为是家事，无须他人干涉；只要不把孩子打残打死，就不会上升到法律层面解决。全社会普遍漠视未成年人的精神损伤，很少有人认为父母打骂孩子就是虐待儿童。在"打是亲，骂是爱"的面具后，只有儿童能感受到那是狰狞、是恐怖。

家长的素质事关未来公民的素质，国家应大力开展家长教育，提升家长的教育素养；同时应该尽快立法，严禁打骂孩子，剥夺不合格家长的监护权。比如取消那些把孩子逼得一次次离家出走的家长的监护权，而不是一次次地把孩子抓住教育一顿，再送回家中。

当下，一些媒体或个人仍然会美化老师和家长对未成年人的暴力行为，把这行为称作"惩戒教育"。似乎冠以"教育"二字，恶行就变成了正向积极的行为。事实是暴力教育里只有暴力，没有教育；对儿童只有伤害，没有成全。它是必须要从意识上被看清楚、从生活中被消灭的丑恶行为之一。

1 [苏]马卡连柯，《马卡连柯教育文集》，吴式颖等编，人民教育出版社，2005年1月第2版，507页。

不做穿西装的野人

打孩子是一种陋习和恶习。一个用武力征服儿童的成人，无论财富多么丰厚，地位多么显赫，学问多么高深，打人的理由多么充足，都是智慧不足的表现。

在电视上看到一个讨论要不要打孩子的节目。当"主打派"和"反打派"进行辩论时，我觉得，这个话题放到这里讨论，本身就是个应该感到羞耻的事情——如同一百年前讨论要不要一夫一妻制、女人要不要缠小脚一样——既然能成为一个观点相左的辩论话题，说明当下社会仍泛滥着对"打孩子"恶俗的麻木和容忍。

人类文明传承到今天，农业不会退回到刀耕火种，军事不会退回到弓箭斧头，医学不会退回到巫神法事，只有家庭教育动辄退回到野蛮粗暴。生活在同一个时代不同家庭的孩子，由于他们父母教育观的不同，他们的教育生态环境就有着从原始到文明的巨大差异。

人们都说现在的孩子娇生惯养，以为孩子们整天被蜜糖腌制着，实际上我国儿童教育中家庭暴力现象非常严重。2007 年中国政法大学两位教授对"家庭体罚子女现象"进行了一项调查，结果显示，近三分之二

的儿童曾经遭受过家庭暴力。在接受调查的四百九十八名大学生中，54%
的人承认自己在中小学阶段遭受过家长的体罚，而体罚形式中父母动手
打人的占到88%。

在弱者面前，最能流露一个人的真性情。许多人，他们在单位、在
朋友面前表现得谦和并富于教养，唯独在他们最亲爱的孩子面前，不自
觉地流露出粗野。

有一对夫妻，都是我的老乡，两人都在北京知名企业工作，是真正
的"白领"。我们两家的孩子差不多大小。他们一直不能接受的是，他们
的儿子为什么那么不成器。我们在一起时，他们总是叹息自己孩子成绩
差，自律性差，脾气暴躁，羡慕我有个好女儿，说他们命不好。我知道
他们经常很轻率地打骂孩子，总是劝他们不要那样对待孩子，并告诉他
们孩子称不称心，不是抓彩票碰运气得来的，孩子是教育出来的。他们
却总是不以为然，认为我站着说话不腰疼。

有一次和女老乡聊起孩子们小时候的事，她说她的儿子从小就不听
话，很小的时候，到商场乱要东西，不给买就躺地上哭，不起来。她愤
愤不平地说："光因为这事，不知打过他多少次！"既然是"不知打过多
少次"，说明这个问题始终没有得到解决。孩子虽然因为这一个问题吃了
很多苦头，可一直没得到一个正确的观念，没形成理性，在屈服和反抗
间始终没找到出路，孩子被搞糊涂了。

儿童身上屡屡不能够解决的问题，背后一定有家长教育方式的问题。
打骂是家长们最常用且运用得最得心应手的一种方式，可它也是最无效、
最具破坏性的一种。

每个孩子都有"不听话"的时候。我相信每个孩子的"不听话"，都
不需要用打骂来解决。

孩子进商店乱要东西的事我也遇到过。记得圆圆在三四岁时，有一次和我去超市，她要买一种加了很多色素的饮料。可能是她看到别的小朋友喝这个，而这是我坚决反对的。我很肯定地告诉她这个不能买，不卫生，无论什么时候都不可以喝这个。她当时很生气，不肯离开那个地方，最后干脆躺地上哭闹。

我不生气，就像平时看她玩沙子一样，若无其事地等着她。在等的过程中我还看看别的商品，和营业员说句话。她发现我不生气，不在意她的脾气，哭闹得更厉害。

地面很凉，也脏，她的衣服全弄脏了，路过的人都在看她。我沉住气就是不着急，待她哭不动了，我蹲下身，用商量的口气问她，咱们走吧？她见我来关照她了，就又开始哭闹，我就又没事人似的站起来，在她跟前溜达等待。

这样几个回合后，她没劲了，我又蹲下微笑着问她，好了吗，可以走了吗？她意识到再闹也就这样了，乖乖地站起来。我拉着她的小手，就像什么事情都没发生一样，高高兴兴地走了。

我连一句批评的话都没说，也没再给她讲道理，因为道理刚才已经讲过了。圆圆此后再没提过要喝那种饮料。而且，凡是我态度肯定地说不买的东西，她就不再坚持，非常听话。

对付小孩子其实很简单，孩子哪里用得着去打骂呢？每次小冲突都是他的一个学习机会，家长耐心而真诚地去解决一个小冲突，也就解决了此后一系列的问题。

读者朋友看到这里，会觉得这是个完美的解决方案，本案例在我的第一次写作中确实到这里也就结束了，但在这次改版修订中，我觉得有必要就这件事的解决方案进行进一步探讨。

这件事我一直当作正面案例来讲，但随着我对"自由"的理解更深入，我认为更高级的做法应该是买给孩子饮料，而不是用什么技巧来拒绝。

儿童的天性就是模仿，圆圆看很多小朋友都在喝那个饮料，所以她在超市要买极为正常，我的拒绝反倒是不正常的。

我当时拒绝的理由是担心这个饮料添加剂太重，不卫生。因为当时市场监管机制还不完善，媒体经常报道食品安全方面的问题，这让我对孩子吃的一些东西总是有所顾忌。但这瓶饮料质量到底是否合格，我其实根本不知道，只是依据自己的感觉下结论，并且仅凭这似是而非的感觉就拒绝孩子的要求。虽然我也对孩子讲了不买的理由，但孩子当时那么小，怎么能听懂呢，她只能用躺到地上哭闹来抗争。我虽然没打骂孩子，却是要征服她，结果也只能是孩子妥协。

整个过程，体现的是我的标准，忽略的是孩子的感受；虽然表面温柔，实则是冷暴力。所以回溯这件事时，我总是有些难过，心里一再地向那个小圆圆说对不起。

这件事如果放到今天，我会痛快地买给孩子。且不说我的担心可能没必要，即使这饮料真的有某种质量问题，它也不是毒药，让孩子尝尝，满足下她的愿望，能有多大问题呢。而且，孩子喝过一次后如果还想要喝第二次第三次，我仍然会大大方方买给她，而不会对这个饮料表现出忧心忡忡。

最多，我会在这个过程中给她讲一些如何鉴别饮料优劣的常识，且和她一起品尝不同的饮料。我不担心孩子会一直选择差的东西，如果我总是给孩子足够的爱与自由，同时为她提供足够好的食物、饮料，让孩子在物质和心理两方面都不匮乏、都丰足，那么她自然能慢慢学会选择好的东西、淘汰差的东西。事实上，生活也不可能太正确、太精细，凡事大概齐就行，这当然包括饮食方面。

打骂是教育中最坏的办法，我从不相信那些声称"不打不成才""棍棒之下出孝子"的人真的有这样一种信念上的诚实。这种野蛮的教育方式其实完全没有任何"教育"要素，它只是让父母出口恶气。

后来又有一次，这家的男老乡无意中说起最近把读初中的儿子打了一顿，因为儿子把刚买的一千多元的进口山地车丢了，车子才骑了一个月。

唉，这也是打孩子的理由吗？这时我想到，我刚花七千元买的摄像机，镜头被圆圆不小心摔坏，换一个就花去两千元，而我一句都没说她。甚至都没说一句"以后注意点"这类提醒的话。摔坏的一瞬间，孩子看出来我有多难过，她自己也很难过，这就够了。难道因为我没给她一个告诫和提醒，她以后就不知道要小心吗？家长少说废话，孩子才会认真对待你有用的话。

孩子闯祸都是无意的，为什么我们不能原谅孩子无心或无奈下所犯的错误呢？况且，孩子闯了祸他自己心里就很痛苦，有内疚感。这个时候，家长反而要安慰孩子，而孩子也只有在得到抚慰的情况下才能收获经验，同时在内心积累面对挫折的力量。家长的打骂只会让他没有自尊，觉得大人更爱的是那损失的钱和物，他感受到大人不体谅他，心里生发出逆反情绪，同时也失去内疚感——经常这样来"教育"孩子，他怎么可能不变得越来越不听话，越来越对什么都满不在乎呢？

我开玩笑地问这位老乡，你上次丢了手机，那手机好像挺贵的吧，回家后老婆打你没？他知道我是针对他打儿子的事说的，笑了，说："怎么能把我和儿子放到一起说事，他是孩子，我是大人啊。打他是让他记事，是为他好。"——家庭教育中这种强盗逻辑很多，打孩子说成是"为孩子好"，撒恶气说成是"教育孩子"。打了人还要把这说成是"爱"，让被打的人来领情——天下有这么不讲理的吗？

打孩子是一种陋习和恶习。一个用武力征服儿童的成人，无论财富多么丰厚，地位多么显赫，学问多么高深，打人的理由多么充足，都是智慧不足的表现。这一瞬间，你以为自己强大而正义，其实是缺少理智，恃强凌弱。你在弱小的孩子面前心理全部失守，只能从体力上给自己找平衡——在爱的名义下施暴，此时此刻你的行为如此粗野，不过是个穿西装的野人。

面对一个未成年人，成年人最大的文明所在，就是站在儿童的角度，努力理解他的所想所为，以他乐意接受的方式对他的成长进行引导。你必须要把他当作一个"人"来平等对待，而不是当作一个"弱小的人"来征服。

家长当然都不是圣人，会经常因孩子的问题有情绪起伏。但我们一定不能任性，要学会在孩子面前控制自己的情绪，不能高兴时把孩子宠上天，不高兴就打骂孩子。家长要确立一个信念：不管孩子多大，在任何时候，因为任何原因，都不打骂孩子。要记住，凡通过打骂能解决的问题，通过态度友好的教育也可以解决。

打骂孩子也会形成一种习惯，一旦形成了，也不好改。

一位小学生的家长来找我咨询。她经常打孩子。她对我说，每次打完孩子都非常后悔，但自己脾气不好，一遇到孩子惹她生气，就控制不了。我在做了一些相关疏导后，说了几句比较刺激她的话："你可以非常诚实地在内心想一下：单位领导惹你生气时，你会去骂他吗？你的兄弟姐妹或同事让你不高兴时，你会动手去打吗？"其实，人在做出一个行为时，往往瞬间就能把结果判断出来。家长如果说在孩子面前忍不住脾气，是因为你心里早已清楚，你打孩子一顿，既能解气，他又不会把你怎样。你在孩子面前是权威，是主人，你不用担心打人的后果，所以你就总是"忍不住"。

不是穿了西服就能变成绅士，不是生了孩子就会做父母。做父母需要学习，需要学会如何爱。学会爱是个很大的命题，需要慢慢去学，最简单的第一步就是不再打骂孩子，不做穿西装的野人。

不要把牛顿培养成牛倌

胡乱评价孩子，随意改造孩子，这是教育中的蠢行，当用心提防。

天才不容易出现，不是天才太少，是因为天才太容易被扼杀。

这样的镜头大家估计都不陌生：孩子拿着一块石头对妈妈说这像一条鱼，妈妈很不屑地看一眼，拿过来扔掉，"这哪是什么鱼，一块破石头，看把手弄得多脏！"这样的家长肯定也给孩子讲过科学家、发明家的故事，也希望自己的孩子是牛顿、爱因斯坦、比尔·盖茨，他们不知道，自己这一个动作一句话，如同踏在幼苗之上的一只脚，不费吹灰之力，就可以把孩子的天赋扼杀在萌芽时，让一个有可能成为牛顿的人往一个牛倌的方向发展——这里的"牛顿"和"牛倌"不是具体的人或职业，不存在对应的褒贬之意，只是一个形象的、关于高期望目标和低收获结果的比喻。

尽管现在家长们接受了新的教育理念，像上面提到的显而易见的粗暴的做法越来越少了，但类似的破坏行为并没有减少，而是有了变种，变得更隐蔽和普遍，破坏力也可能更大。

有个小男孩，十分喜欢汽车，到了迷恋的程度，吃饭、睡觉都要把玩具车放在旁边，刚三岁就能把市场上的各种车牌、原产国都说出来。在幼儿园，孩子也总是沉浸在汽车中，把各种东西都能想象成汽车，动不动就像模像样地"开"起来。上课时，老师教小朋友看图说话，只要和汽车有关，他就眼睛发亮，很认真地听；讲其他的，就东张西望，心不在焉。每次老师带着大家做游戏，他都不太愿意参加，总是抱着汽车不放手，一个人可以躲在角落玩好长时间。老师向家长反映，说孩子不合群，显得孤僻，是不是有什么心理问题，要家长注意。

家长认为孩子的所有问题都是汽车引起的，回家后就限制孩子玩汽车。为了让孩子的兴趣转移到别的事上，家长买了一大堆书，想要天天给孩子讲故事，多陪孩子，让他从"孤僻"中走出来。家长挑书时特意不选有汽车的，结果一大堆书，孩子翻了翻，一本都不喜欢，兴趣还在汽车上。

没办法，家长就把玩具车都收起来，谎称都卖给收破烂的人了。孩子伤心得大哭两天，家长狠狠心还是没把玩具车拿出来。之后，家长总是刻意带他到人多的地方。孩子不拒绝和别的小朋友玩，但没有兴趣，只有在看到汽车玩具时，才表现出真正的快乐和投入。家长坚持每天晚上给他讲故事，教他认字，孩子也能接受，但神情经常是游离的，不太专注。有时妈妈正起劲地讲着，孩子会忽然自言自语地说道："那个黑色车车到哪里去了？"眼神落寞。

这位家长肯定很爱她的孩子，但她不知自己的行为有多残忍。孩子仅仅是有一种特别爱好，因为沉迷，讨厌无端的打扰，于是显得有点与众不同，这却成了老师和家长眼中的问题。

家长和老师在理论上一定认可"孩子和孩子不一样"，"每个孩子都应该得到尊重"；可是面对一个具体的孩子时，"不一样"就是问题，令人担忧，尤其孩子的爱好和他们所谓的"学习"冲突，或和他们固有的一些观念冲突时，他们更会简单地判定其为一个缺点，是不良爱好，甚至有可能是一种心理疾病，应该被改造。

不经意的损害，往往就是从剥夺孩子手中的一件玩具开始。这就是为什么牛倌遍地都是，牛顿凤毛麟角。

每个人都是带着一些自然赋予的特殊密码出生的，自然给你一条鲜活的生命，一定会同时在你的生命中注入某种天赋。这种"上帝的恩赐"犹如种子，蕴藏着表达潜能，能不能生根发芽开花结果，形成优质表达，还要看外部是否提供了适宜的条件。

有位家长，听幼儿园老师说她的孩子很聪明，只是上课注意力不集中，她回家和老公说了这事，老公又不知从哪里听说用牙签扎黄豆可以锻炼注意力。于是在一个水盆里泡半碗黄豆，让孩子天天下午回家后用牙签扎豆子，扎不完不许玩耍不许吃饭。开始孩子可能还有点兴趣，但这事太枯燥，孩子扎了几次就不愿意做了。家长不同意，说这事至少得坚持三个月，结果弄得孩子天天为此大哭——想一下这孩子遭遇到的是什么：幼儿园居然要上课，天知道老师讲些什么内容，把课上成什么样子，却要求孩子认真听她讲，不听就是"注意力不集中"——幼儿园的错误教学和负面评价已在严重损害孩子的智力、自尊和自信，家长又不动脑子，胡乱作为，想当然地用扎黄豆这样歪门邪道的招数来训练孩子，真是雪上加霜啊。

可以肯定的是，扎黄豆达不到锻炼孩子注意力的目的，这样做，培养一个智力和心理的双料傻瓜倒很有可能。

培养孩子的专注力，这是个伪问题。注意力不需要培养，越培养越涣散，"不打扰"就是最好的培养。有的孩子很容易被什么东西吸引，分散注意力；有的孩子会全神贯注于一件事，这是个体差异，主要取决于孩子对手头正在做的事情是否感兴趣。心理学能解释注意力现象，但没有谁说过可以培养。

胡乱评价孩子，随意改造孩子，这是教育中的蠢行，当用心提防。

这几年，家长和老师联合起来辛辛苦苦残害孩子的事时有遇到和耳闻。虽然他们没有主观恶意，目的是好的，但造成的后果却是破坏性的。在这样的教育"小环境"中，孩子面对成年人的伤害，几乎没有躲闪的余地。

我目睹过一个男孩令人痛心的成长。

孩子从很小就表现得智商卓越，家里早期教育也做得很好，从小就有大量阅读，聪明过人，幼儿园大班时，已经可以自己看儿童版的《三国演义》。他小时候给我印象最深的一点是记忆力非常好，大约三四岁时，我给他读一首七绝古诗，只读两次，不做任何解释，他就能一字不差地背出来；他理解能力也很好，不管学什么，一教就会；他父亲天天看《新闻联播》，他只是偶尔跟着看几眼，就能准确说出十个以上国家及其主要领导人的姓名，还能说出全球大部分国家及其首都名称。小学一年级入学时，学校组织了一场智商测验，全年级二百多名学生中，他是第一名。这样的孩子哪个老师都想要，后来被年级组长"抢"到她的班里。

年级组长是个非常严厉的老师，对学生要求很高。这孩子进入年级组长的班后，并未像老师期望的那样令人满意。按老师的说法，他上课不注意听讲，喜欢和周围同学说话，偷偷把小说带到学校看；回答问题不积极，明明知道答案却不举手；写作业潦草，经常有错；考试时，别的同学一半还没做完，他就做完了，不认真检查卷子，却在卷子背面画坦克和小人儿……总之，从入学后，老师几乎天天都在发现孩子的毛病，而且经常给他妈妈打电话告状，甚至在家长会上点名批评，并解释说越是好学生，越要对其严格要求。

孩子的妈妈非常好强，极爱面子，一接到老师投诉回家就批评孩子，批评不见效，还动手打过几次孩子。我曾对他妈妈说，孩子上课不注意听讲，是因为老师讲课不吸引人，或那些内容于他来说太简单了，他大约只需要用 10% 的注意力就可以把那些内容学会，可不可以和老师协商一下，只要不影响课堂纪律，就不要去管他，或允许他上课看小说。至于他上课不举手、不检查卷子等小毛病，也许正是因为他天赋太高，不屑于去做这些。这些无关紧要，只要不损害学习兴趣，这些问题随着时间推移，自然会慢慢解决。我建议他们不要再批评孩子，少管孩子。他妈妈有些反感我这样说，认为好的学习习惯要从小培养，别人经常考 100 分，他却一次也没考过，这样下去，会慢慢被别的同学甩远了，将来能考上好大学吗？

老师为了治理孩子爱说话的坏毛病，把孩子的课桌单独拎出来，放到讲台边，有一次居然让全班同学一个月不要和这孩子说一句话。而他妈妈不但认可老师这样做，回家也狠抓孩子"好习惯"，规定必须在写完家庭作业后再阅读，作业必须检查到没错，有一处错罚写三次。孩子很快变得十分厌学，早上害怕到学校，晚上回家写作业非常磨蹭，经常发呆，或玩笔、橡皮等手边的东西，本来只需半个小时就可以完成的作业，他能拖拖拉拉写一个晚上，直到要睡觉。这样，玩耍的时间没有了，阅读的时间也没了，因此和家长、老师之间的冲突发生得更多。

小学几年，在家长和老师的批评、失望中，孩子的好习惯并未养成，却是各方面一路下滑，成绩每况愈下，从前几名变成倒数第几名，而且变得极为自卑，说话不敢正视别人的目光，逃避一切集体活动，同时脾气又很暴躁，曾经的灵气荡然无存。到小学毕业时，所有的老师和同学都知道这个孩子是个学习上的"差生"，没有人再记得他入学时的状况。

他的班主任，那位当年拼命要抢到这孩子的年级组长，居然在小升初考试前，找他的家长，希望孩子转班或留级，可能是担心影响她这个班的考试名次。这个要求令孩子妈妈生气，当着老师的面没说什么，回家又把孩子痛骂一顿。她只是责怪孩子不成器，并没有意识到孩子是怎么一天天走到这一地步的。

中学几年，孩子也一直在家长和老师的批评、失望中度过。我有一次听教过他的一位语文老师说，感觉这孩子挺怪的，说他笨吧，有时在课堂上，同学们都回答不上来的问题，他却能回答出来，说他不笨吧，几乎每次考试成绩都是倒数几名。老师们都看重分数，忙着提高学生的成绩，没人会投注精力去研究一个成绩不好的学生的"怪现象"，这个老师也只是这样说说就过去了。

我知道这孩子高考勉强上了本科线，他妈妈受不了她的孩子只上一个比较差的二本院校，要求孩子复读，结果第二年高考成绩更差。他妈妈更加不甘心，要求孩子继续复读。我们很多人担心孩子再补习一年会心理崩溃，就多方相劝，终于使他妈妈改变想法，让孩子上了一个职业学院。

孩子毕业后，他妈妈动用关系给他找了份工作，又要求他通过自学考试去拿本科学历，将来考研究生，并给他报了名。但几年下来，孩子一直没有能力把各门课都考过，本科学历始终拿不到，考研的事也就不了了之。直到这时，他妈妈才终于妥协，表示不管他了，说"随他去吧"，口气中满是失望和谴责。

有一次我在一个朋友家遇到这孩子，那时他已工作了两三年，还是非常不自信的样子。聊了几句，提到他幼年时出色的智商，我希望他知道自己一点也不笨。这孩子居然像被人诬陷一样吃惊，立即否定说："测智商得第一名，那是因为当时的问题都特别简单。"他的反应出乎我的预料，但想来却并不意外。这么多年以来，他被定义为差学生，他已习惯了这样的定义，这定义已成为他自我认同的一部分。一个人如此对自己没信心，他就真没信心了。

这种天才变庸才的事，时刻发生着，发生得悄无声息，平常又平静，以至于许多人根本意识不到它如何起始、如何存在、如何产生影响。

很多人习惯宏大地谈教育，哪怕是面对非常个人化的一些教育事件，也要问责到社会、体制、政策上来。其实，**教育的成败常常在生活细节中，在和孩子直接接触的家长、老师的言行中，正是家长和老师的一些"小动作"，划分出了教育的不同境界**。

凡有冲突，必有伤害，放下改造思想，才可避免把"牛顿"修改成"牛倌"。

教育当然不是万能的，但教育至少应该守住一个底线，不伤害任何一个孩子，让每个孩子成为最好的自己。

孩子正处于成长阶段，能量尚处于萌动状态，而世界有太多的事情需要他去认识和适应，几乎每个人都有"牛顿"的潜能。如果什么事都要求他做得符合成人的意愿，都要去修理和强行矫正，这其实不是教育，是对他成长的不间断干扰，会破坏他的潜能。

一个人无论从事什么职业，无论走哪条人生道路，只要他活出了真实的自我，他就是幸福的，他就成为了最好的自己，就活出了人生的意义——不把牛顿变成牛倌的教育价值就在这里。

没脾气才会有教育

在和孩子的"较量"中，家长要时时记住，只要发火，就输了。家长若不和孩子斗狠比强，遇到事情有定力、有变通力，那么孩子学到的正是这些。

有位爸爸说他下决心不再跟还在上幼儿园大班的儿子发脾气，但小家伙蹬鼻子上脸，给三分颜色就想开染坊，弄得家长越来越没信心，担心把他溺爱坏了。但有一天傍晚，这种印象改变了。

当时，孩子妈妈把一盘刚炒好的土豆丝端到桌上，又进厨房炒第二个菜。孩子马上爬到椅子上要吃，爸爸说菜刚炒出来太烫，再说妈妈还没过来呢，等一会儿吧。孩子一脸不愉快，手里的筷子不肯放下，啪啪敲击桌子，趁爸爸不注意，突然往菜盘里吐了一口口水。

这实在太过分了，爸爸几乎把持不住地想发火。也许是小家伙自己也知道这动作太出格，看着爸爸，目光既挑衅，又有些怯怯的。爸爸强压怒火，镇静地看孩子一眼，没吱声，低下头继续看手机，努力平息心里的火气，然后思考对策。

片刻后，妈妈端着另一个菜出来，不知道刚才发生了什么，爸爸也没说什么，一家人开始吃饭。爸爸心里憋屈得都有些吃不下饭。小家伙也许确实觉得自己理亏，也许是因为又没等到爸爸的火气，心里有些忐忑不安，在饭桌上表现得出奇乖巧，一直老老实实地坐着吃饭，不像平时吃两口就跑了，还把碗里的饭吃得干干净净的。

妈妈惊奇地说宝宝今天表现怎么那么好。爸爸心里忽然有一些感动，觉得自己坚持不发脾气有了成果，庆幸自己没有轻易放弃"好脾气"。他反思自己平时对孩子管得多，又老发火，孩子不逆反才怪。比如今天，孩子想先吃几口土豆丝，这要求对一个小孩子来说其实很正常，家里又没有外人，为什么不允许呢？这么点事都要限制他，他当然会觉得你总是很不友好，就要故意在你面前捣乱。如果自己没压住火，又打骂孩子一顿，事情会变得多么糟啊。

在这么具有挑战性的事件上还能控制住不发火，爸爸自己也有成就感，此后就更注意减少限制孩子，努力克制脾气了。

脾气与脾气的对峙就像拔河赛，对方的屹立不倒是以你的坚持为前提的。如果想让对方不再坚持，最好的办法是放开手中的绳子——家长心中没怒火，孩子的脾气就发不起来。这一点小小的改变，对孩子的未来影响巨大。

在改善坏脾气的路上，家长要经常问自己几个问题：

我的孩子不如别人的孩子好，是不是我做得不如别的家长好，或者是我没看见自己孩子的好？

在和孩子相处中，我原谅过他什么错误？对他的什么缺点能一笑了之？

给孩子做个好榜样重要，还是我出口恶气重要？

比起那些天生残疾或生大病住院的孩子，我的孩子四肢齐全、身体健康，这是不是他给我的回报呢……

把这些问题常在心里想想，就是对坏脾气的不断降解。

控制脾气，多数家长只要在意识上到位了，行动就会自动调整。但也有人发现，克制脾气于自己来说是件特别困难的事，虽然明明白白地知道发脾气的坏处，却常常控制不住。每次发完火都后悔得要死，可到了下次，照样大发雷霆。

如果是这种情况，可以试试下面几种办法：

1. 半小时效应。

给自己立个规矩，不管有多愤怒，都不马上发作，即便无意中发作了，也要马上收住，告诉自己等半小时，一切都等到半小时后再说。在这半小时里，一定要去做点别的事，凡能让自己感觉好些的事都可以做，比如浏览网页、玩游戏、吃东西、到外面走走、洗个澡或给好友打个电话等等。一切有可能挑动脾气的事都不做，且最好不要和孩子在一起。脾气是一种激情，爆发都是瞬间的事，挨过半小时后，人就会变得理性，该怎样做不该怎样做，基本上就清楚了。

2. 字条仪式。

在特别想改变坏脾气时，写两张字条。第一张描摹自己的坏脾气，把它的可恶白纸黑字地写出来，此字条象征自己的坏脾气。第二张写下自己改变坏脾气的愿望，以及有提醒作用的一两句话，此字条象征自己的决心。然后把第一张狠狠地撕碎、烧掉或用其他方式销毁，感觉把坏脾气埋葬掉了。第二张贴到墙上或放到其他方便自己看到的地方，规定自己不管在什么情况下，只要想发火，必须先跑去看过这字条，看完了再决定发不发火。或已开始发火，突然想到字条，也要跑去看看。若字条有效控制了火气，给自己一点任何形式的奖励，比如买件平时不舍得买的衣服，下一次高档馆子等，祝贺自己。如果看过字条后没管用，还是发脾气了，也不要气馁，把这一张撕了，重新写一张，重新给自己鼓劲。看字条这个仪式化的行为一直坚持下去，上面提醒自己的话经常在心里复习一下，坏脾气一定能被有效抑制。

3. 意念疏散。

当火气一下子起来时，先赶快把意念投注向自己身体内部，宛如立即把身边惹你生气的人丢弃掉，顾不上管他一样。集中注意力寻找一下身体哪部分被怒火弄得不舒服了，是胸口憋闷，还是脑袋隐痛，或是手臂颤抖，然后把意念集中到那个不舒服的地方，想象有一团纯净的气体或清清的水流，轻柔地包围那里，旋转按摩，并丝丝深入，把那里的浊气驱赶出去，排放出去，身体越来越干净。这个过程最好伴有深呼吸，感觉纯净之气被吸入，然后长嘘气，浊气被呼出去……一次驱散不完就再来一次，直到感觉自己变得干净、平静而松弛。

以上三条方法可以同时做，也可以只做一条。关键是坚持，一直坚持，给自己反复练习的机会。

西方流传一句笑话：如何像卡耐基一样成功？答案是：实践，实践，再实践。套用这句话，完全可以说，如何成为一个不发怒的人？答案是：不怒，不怒，就不怒！在发脾气的时刻，没有比停止发脾气更重要的事情。

任何自我控制手段只有建立在强烈的自我改变意识上，才会有效。在和孩子的"较量"中，家长要时时记住，只要发火，就输了。家长若不和孩子斗狠比强，遇到事情有定力、有变通力，那么孩子学到的正是这些。

当然，必须承认的一点是，天下没脾气的人很少，正如天下没有私心的人几乎没有一样。所以也不要期待自己成为完美父母，不要有教育洁癖，否则会太焦虑。而过度焦虑对改善脾气并没有什么好处。大家都是凡人，偶尔发点脾气也正常。如同正常范围内的私心是健康的也是必需，正常范围内的脾气也可以存在并可以被理解的，关键是个"度"的问题。

如果实在没忍住，脾气发作了，至少要守住两条底线：一是坚决不动手，只动嘴；二是赶快结束，不纠缠。不要非得讲什么理，**明明白白开始的事，可以糊里糊涂结束，这并不影响以后的日子变得清朗。**当我们变得越来越习惯于自我克制时，自我克制就变得越来越容易。

亚当·斯密认为，具有最细腻敏锐的慈悲性格的人，自然也是最能够高度自我克制的人。[1] 我们俗称的体贴、善解人意、感同身受、有同理心等——这些简单的词汇不简单，它们标注着人性可靠的宽度和高度。

人若不固执于自己的想法，多站在他人的角度看问题；若善于从生活中发现美好，而不总是着眼于些许的不如意，脾气可能就会小得多。

孩子逆反，说明他有独立思考能力和选择的勇气，这总比事事听命于家长、没主见好得多。

孩子成绩不理想，但他身体健康，心地单纯善良，这该多么令人欣慰。

钱包被小偷偷了，要庆幸银行的存款没被人骗走。挨老板一顿训，就去庆幸自己好歹有工作有薪水。迈脚出门，平直的马路已铺到脚下；轻轻点击电脑鼠标，世界就展现在眼前……太多太多的恩惠藏在我们看不见的地方。

如果日子充满感恩，你投送出去的心情都将回报于你；为孩子营造一个健康的成长氛围，家长自己更受滋养。

1　[英]亚当·斯密，《道德情操论》，谢宗林译，中央编译出版社，2010年4月第1版，183页。

　　"身是菩提树，心如明镜台，时时勤拂拭，不使惹尘埃。"——这是自勉境界。"菩提本无树，明镜亦非台，本来无一物，何处惹尘埃。"——这是超脱境界。对于一个超然的灵魂来说，有什么事会让他烦恼到失态呢？

　　境界的升华不可能轻松地一步登天，而需要一点点去修行。当我们能对一人一事给出豁达和宽容时，已于不知不觉中开始对世界抱有无怨的情怀。

　　没有脾气的胸腔，才能装满教育正能量。

不和孩子逆着来，孩子就不会逆反

《金刚经》里讲，任何一颗恒河的沙粒都包含着整个宇宙。

每个孩子也都是一个小宇宙，需要我们心怀谦卑地以诚相待。

有位年轻妈妈曾向我求助，说她两岁的儿子乐乐是天生的"硬茬头"，不让干什么事，偏去干不可。尤其现在进入第一反抗期，变得更不听话，弄得她很抓狂，不知如何对付这个时期的孩子。

说实在的，我不喜欢"第一反抗期""青春逆反期"等等这类说法，它是一种对儿童成长中正常行为的负面描述，是幼稚认识的产物，很容易误导一些家长。孩子从来没有反抗期，也没有逆反期，儿童的本性都非常温和。如果说他有逆反，那是因为他受到了某种压抑（压制），他在反抗压抑（压制），所谓"逆反"只是成年人对他的不理解，以及不理解之下的错误定义。

所以我猜测这位家长一定是平时对孩子有太多的管制，以至于孩子不得不反抗了。当我把这个想法说出来后，这位妈妈摇摇头，说她是那种懂得给孩子自由的人，从不束缚孩子，她现在倒是怀疑孩子的"硬茬头"是被惯的，考虑是不是应该对孩子更严厉些。

我让她随便举个孩子不听话的例子。

她说每次带乐乐到菜市场都很烦，原因是乐乐看到什么都想摸一摸、动一动，经常冒冒失失地弄翻什么，或把人家的蔬菜水果弄到地上。尤其最近，孩子对豆腐产生了兴趣，每次走到菜市场的豆腐摊前，看到板子上的豆腐，就想摸一摸，不让摸就大哭，有两次还生气地把旁边菜摊上的青椒故意拨拉到地上，弄得妈妈非常生气，打过两次屁股也没用，现在都不敢带孩子到菜市场了。

这位妈妈自认为对孩子宽容，懂得给孩子自由，可就所述的事实来看，并非如此。所以我对这位妈妈说，这个年龄段的孩子对一切都充满好奇，什么都想去动一下，这是他们认识世界的一种方式。尤其到了菜市场，那么多花花绿绿的菜，肯定吸引孩子；他看家长可以随意在菜摊上挑来挑去，就也想模仿。所以说孩子"不听话"，根本就是家长的误判。

家长听我这样说，分辩道，其实平时他摸那些菜时，我管得并不严，只是说说，但豆腐和菜不一样，他摸过了，别人怎么买呢？卖豆腐的人也不允许。

我说，很简单，让孩子去摸，你把摸过的那块买下来，回家做个麻婆豆腐，或干脆让孩子把豆腐捏碎了玩个痛快，满足一下他的好奇心，问题不就解决了？

这位妈妈有点恍然大悟的样子，但又有些疑虑地说，那如果下次再去菜市场他还要摸，怎么办呢？我说，再买下来。这位妈妈有些诧异地看看我。

我笑笑说，一块豆腐不过两块钱，即使一个月天天买，也不过六十块钱，等于给孩子买个玩具。况且孩子不可能对一块豆腐有那么长的兴趣，最多三四天，他应该就没兴趣了。试试吧。

这位妈妈是个非常有悟性的人，我只是轻轻地点了一下，她立即意识到了自己的问题。此后她不但允许孩子到菜市场摸豆腐，而且自己从网上下载了做豆腐的方法，并订购了磨豆的小磨及其他相关用具，在家做豆腐给孩子看。她和乐乐一起做豆腐的过程，就是一个亲子游戏的过程，而所有的工具都变成了孩子的玩具。依此类推，在其他问题上，她也不再简单地去管束孩子，而是利用孩子的好奇心，像做豆腐那样，把一件简单的事扩展开来，让孩子感受更多的惊奇，领略更多的知识。

后来我和这位妈妈再交流时，她说乐乐现在不仅变得懂事，而且十分聪明，智商明显高于同龄的孩子，想想以前总说孩子"不听话"，真是自己太幼稚了，现在才真正领悟了什么叫"不管是最好的管"。

《金刚经》里讲，任何一颗恒河的沙粒都包含着整个宇宙。每个孩子也都是一个小宇宙，需要我们心怀谦卑地以诚相待。

作为父母或教师，如何检验我们自身的教育水准，有一个简单的测试方法：你在让孩子哭泣、忧郁、屈服，还是让他欢笑、平和、悦纳——不要用教育意图来说事，教育的对与错，从孩子的表情和反应足以判断出来。

我曾在假期去一个同学家住过三天，当时她儿子两岁多，非常淘气，家长不让做什么，他就非做不可，仿佛是在故意挑衅。比如吃饭时，菜和米饭刚放桌上，妈妈对他说句"别乱动"，他会马上把小勺伸到盘子里乱搅；妈妈要喂他吃饭，他要自己吃，妈妈无可奈何地说"那你自己吃吧，别把饭洒了"，话音刚落，小家伙就把碗里的米饭故意拨拉到桌子上。

同学说她要被儿子累死了，并说儿子比女儿难带。她没有女儿，就把原因归结到性别上。但我能看出来，她对孩子管得太多，吓唬、批评和负面暗示也太多。

我和这位同学关系很好，很想帮她个小忙，也就没有太多顾虑地对她说，我帮你带两天孩子吧，你休息一下。

这两天中，我尽量顺着小家伙，他想干什么就干什么，几乎没有阻止过他，也没批评过。比如他把放在茶几上的一个餐巾纸盒扔到地上，然后看着我，等我的反应。我知道小家伙在向我发出挑衅的信号，等我生气，但我不接招，只是笑笑，捡起来，放回茶几上。他又扔到地上，观察我的表情，我又笑着捡起来。然后就这样，他不停地扔，我不停地捡，后来他不再观察我，真正开心起来，每扔一次就大笑，我也和他一起笑，不知多少回合，他有耐心扔，我就有耐心捡。

我同学在旁边都忍无可忍了，我示意她不用管。终于，孩子感觉腻了，不再扔了。小家伙也许开始还是想激怒我，但他发现我不生气，扔纸盒就纯粹变成了一个游戏。我们的友好关系就从这里建立了。

过了一会儿，孩子开始撕一本童话书，同学又想阻止儿子，我赶快对她说，让他撕，很多孩子最初"读书"，不是用眼睛，而是用嘴或手，不要管，这还能锻炼小手的灵巧性呢。小家伙在没有人打扰的情况下，把一张纸用力地撕成好多块，扔到地上，又从书上撕下一张，一撕两半，不再有兴趣撕碎，扔下，去搞别的"破坏"。

这两天中，我和同学一直坚持不干涉孩子，这对同学来说可能是件痛苦的事，她开玩笑说忍得内脏快要出血了。

但效果也很快看到，到第三天，孩子明显不再跟大人逆着来，而且也不再看妈妈的脸色，神情平和多了。我们准备出去时，我和同学都坐在餐桌边化妆，小家伙抓起我的一管口红。我带了两支口红，已被他弄坏一支，这支可不想让他毁坏。于是伸开手说，把这个给阿姨好吗，阿姨要用这个。他居然很听话地给了我，安静地看着我如何打开使用。我的同学眼睛一亮，我们都暗暗笑了——这可是小家伙从来不会做的事。

我后来不时地和同学通个电话，她说小家伙自从我来过后，变得听话了，再不和她逆着来了，她现在感觉带孩子没那么累了。事实上，改变最大的是她自己。

她心态平和了，能正面看待孩子的许多行为，不再把属于幼儿的正常探索看成是破坏，接纳孩子的行为，减少了对孩子的限制，给孩子充分的自由。孩子心里没有逆反，当然就变得听话了。

唠叨是把小刀子

从一大堆沙子上抓走一把，不影响沙堆大小；抓去两把，也不影响；抓去三把，还看不出什么变化……一把一把抓下去，大沙堆一定会变成小沙堆，巨大的反差形成得那样悄无声息——唠叨也是这样，没用的话说一句没事，说两句也没事，天天说似乎也没什么，但伤害早已悄悄发生。

家庭生活中，并不是说话多就叫唠叨。称得上"唠叨"的，是那些随口而出的、不断重复的、总给人带来负面情绪的话语，既没用又不中听。

典型如这样一幕：奶奶带着刚学会走路的小孙子在一块空地上玩，孩子一迈步，奶奶就在旁边连声说"慢点慢点，别摔跤"。一天下来，这句话不知要重复多少遍。

请设身处地想一想，这样的话对一个刚学走路的幼儿有意义吗？学走路会摔跤是问题吗？奶奶的话，会让孩子走得更好，还是降低了孩子的迈步信心？是让孩子学会了听指令，还是对指令慢慢产生了免疫？

唠叨的人总以为别人需要他这几句话，其实只是他自己需要。

前些年，我乘坐动车时遇到一位姥姥和一位妈妈带着一个八九岁的小男孩。小男孩可能是第一次乘这样的火车，或是平生第一次坐火车，对车上的一切都充满好奇，从一上来就想动动各种东西。前后调节一下座椅，弄一下窗帘，打开靠背上的小桌子，等等。但不管他干什么，妈妈和姥姥全部是阻拦和训斥，不停地说："你动那个干吗？别动！""这有什么好看的？乖乖坐着！"火车启动后，小男孩终于安静地坐了一会儿，好奇地看着窗外，看了一会儿，扭过头问妈妈，怎么他觉得不是火车在走，是外面的树在往后移。妈妈一脸不耐烦地说："行了行了，那是你看花眼了，整天就你问题多。"男孩沮丧地把头转向窗外。过了片刻，男孩说想上厕所，姥姥一脸怀疑地说，你不是刚在车站上过了吗？怎么又要上？小男孩说他就是想上，妈妈不满地站起来，"你整天就是这样捣鼓人，我都不能安稳地多坐一会儿。"男孩说我自己去，你不用去。妈妈说："你自己怎么能行，你又没上过这样的厕所，门你都打不开。"男孩说我能打开，妈妈一脸不屑："你觉得你自己啥都能干呢。"边说边站起来，在前头走，男孩无可奈何地在后面跟着。从厕所回来时，妈妈对姥姥说，我就知道他没有尿，他是想看看这厕所什么样，厕所有什么好看的？男孩嘟哝着辩解说，我看看和飞机上的一样不一样嘛。妈妈和姥姥都白孩子一眼，嗔怪地说"就你事多"，孩子灰溜溜地坐下了。在半个小时的车程中，妈妈和姥姥的嘴一直没闲着，絮絮叨叨，却几乎没说一句有用的话。

　　唠叨没有恶意，却是一种恶习，是对"控制"不知不觉的上瘾。上面这个男孩的妈妈和姥姥一定希望男孩聪明好学，却不知道她们的唠叨是多么伤害孩子。

　　人当然不是脆弱到不能接受一点废话，每个人都有自我排毒本能，会自动化解唠叨带来的不适。就像扎一根小刺或割一个小伤口，只是痛一下，无关紧要，很快就自动愈合了。人最怕的是经常性的唠叨，负面影响在深远的岁月中慢慢呈现，发生的过程几乎感觉不到，但对一个生命的抑制作用是肯定的。唠叨如同一把小刀子，会一点点削去一个人体内的正面生长力量，如好奇心、自信心、责任感、判断力等，对人的心理形成缓慢的破坏。

做家长，戒唠叨当如戒毒一样重要！

我又想起一桩火车上见识的事情。那次是从呼和浩特到北京，路程要十三个小时，我坐的是夜车，买了卧铺车厢的上铺，下铺是一位妈妈带着一个小男孩。

孩子也是对一切都很好奇，一上来，就去翻窗户边挂的旅客意见本。他妈妈说，你又不认字，翻那干什么？确认了自己是哪个铺后，孩子就去翻动铺上的被子和枕头。妈妈说，别动那个，现在又不睡觉。孩子对窗边小座椅好奇，跑过去坐上又下来，看椅座自己弹回去，然后又坐上又下来，让椅座又弹回去，非常快乐的样子。妈妈说，要坐就乖乖地坐着，别老弄那个椅子，你不嫌烦啊？孩子仰头看看层叠的床铺，想踩着梯子到上面的铺位看一下，妈妈一把把孩子拉下来，那是别人的，你不能上去！

小男孩一刻都闲不下来，但几乎不管孩子干什么，妈妈都要随口贬损一下或阻拦一下。

我和孩子打招呼，问他几岁了，孩子忽然变得扭捏羞涩不肯说，和刚才的莽撞判若两人。妈妈又说，你看这孩子，这么没礼貌，快告诉阿姨你几岁了。孩子还是不肯说。我担心妈妈又逼孩子，马上对孩子说，你先别说出来，让阿姨猜猜你几岁了。

我看孩子五岁左右，故意先猜他两岁，再猜他七岁，离谱的猜测把孩子逗得嘿嘿笑起来，然后我又猜他三岁、六岁，一点点地接近他的年龄，引得孩子一次次地发笑，说"不对！"待我终于猜出他五岁时，孩子又兴奋又羞涩地说了句"对了！"宛如他自己猜中了谜语，高兴地在地上蹦跳两下。他妈妈又笑着白孩子一眼说，别蹦了，坐下吧，小心摔倒。

我委婉地对这位妈妈说，她的孩子非常可爱，不必总这样说他。这位妈妈也许没在意我说什么，表现出不以为然。

在我和他妈妈说话时，小男孩故意过来拍我一下，然后跑回妈妈那里，看我的反应。他是想引起我的注意，于是我尽量和他多说话。但孩子的交流能力不强，我说的话他似乎经常听不懂，或是心不在焉，不注意听，很少正常回答。他的兴趣只是"招惹"我，引起我的注意，然后观察我的表情。我尽量回应他，让他感觉到我的友好，能看得出，孩子越来越放松，越来越愉快。

后来我感觉困了，跟他说阿姨要睡觉了，说了晚安，爬到了上铺。孩子看我到了上面，也想跟着上来，妈妈又阻止。我说，让孩子上来看看吧。然后告诉孩子上来时一定要抓紧，不要掉下去，并提醒他妈妈护着他。孩子非常高兴地爬梯子上来，很新奇地在上铺东张西望，问我这是什么那是什么，我一一告诉他。很快，妈妈要求他下来，我也告诉孩子说，阿姨要睡觉了，明天早上你再上来玩好不好？小家伙没说什么，下去了。

我刚躺下几分钟，头被拍了一下，原来是小男孩踩着梯子又上来了。我抬头对他笑笑。他诡异地一笑，没说什么，下去了。我闭上眼睛不到三分钟，头顶又被拍一下，又是这孩子。他调皮地笑笑，赶快又下去了。再过一会儿，头顶又被拍了一下。我装作睡着了，没再理他。这个过程一直伴随着他妈妈的训斥声，她三番五次地警告孩子，不许再偷偷爬上去，不许打扰阿姨睡觉。

正常的五岁儿童能准确感觉别人的态度和需求，会适时地调整自己的行为，这个孩子这方面似乎有所欠缺，既胆怯又挑衅，既鲁莽又畏缩。真为他的未来担忧。

孩子认识世界的过程，是心理秩序建立的过程。在这个过程中，如

果他的一切行为总是被阻拦，被负面评价，他就会时时处于茫然失措中。小小的人，既要发展自己，又要反抗外部压力，然后又要不断屈服，经常处于这种纠结中，本该正常建立的心理秩序就会被打乱，无法对外界事物做出正常的反应，给人的感觉就是没分寸感、鲁莽或傻乎乎的。

唠叨有很多种表现，不管形式如何，都会让孩子产生负面反应。不仅是心理方面，甚至有可能表现在生理方面。

有位家长给我讲了她观察到的一件事。她一岁八个月的女儿小宁因得肺炎住院，入院时，病房里已有一个同龄的男孩因为相同的疾病住了几天。两天之后，小宁的病情就大为好转，第五天就出院了，但同病房男孩前后住院已有一周多，病还是不好。这位奶奶羡慕小宁好得这么快，对孙子说，你看人家，好得多快，你总也好不了。接下来又唠叨她每天都要不停地对男孩说的话：你不乖，你不听话，不好好吃饭，身体不好，你的病就总是好不了……男孩仿佛在用自己的表现印证奶奶的这些话，真的就不乖，不听话，对任何治疗都反抗，还不好好吃饭。

小宁入院后的第二天，又进来一个稍大一点的孩子，也是肺炎，父母轮流陪床。令人莫名其妙的是，爸爸陪床时懒懒散散的，孩子总是看起来没什么问题，还不时和爸爸一起玩或听爸爸讲故事。每逢妈妈来陪床，就出状况。妈妈总是从一进门就不停地忙，每两分钟给孩子量一次体温，只要超过 37.5 度，就开始紧张，一个劲地说，烧起来了烧起来了，不停地念叨。孩子也像配合似的，体温量一次高一点。妈妈越量越焦虑，完了完了，快到 39 度了，又要发高烧，这可怎么办啊！孩子几乎回回有回应，体温越来越高，开始发抖，甚至抽风。

这位家长观察到的这两个孩子的情况，也许有偶然的因素。但在孩子生病住院时，家长这样唠叨肯定无助于孩子康复，只能让孩子不快，客观上确实会降低孩子的免疫力。

　　唠叨家长扮演的都是监工或碎嘴婆婆的角色，能意识到自己扮演了这样的角色，是件非常困难的事。我自己也曾进入这样的角色，却一直不自知，如果不是孩子表示不满，肯定还要一直继续下去。

　　从圆圆上小学开始，每次她考试出了错，我总是说"错在什么地方，现在知道了吧"。这个确实有效果，让她对分数不是很计较，而是把注意力放到会不会的问题上，所以总能够在考试后及时查找答案，弥补不足，养成踏实的学习习惯。为此我觉得这句话很有效，很得意，一直没觉得有什么不妥。

　　圆圆从小学到初中、高中，大大小小数不清的考试，几乎哪一次都会有错误，所以我这话就跟着说了无数次。直到她上了高中，一次考试后，我又这样说，她生气了。"你这句话都说了多少次了，最烦你这句话了，以后不要再说了！"我大吃一惊，一时不能接受，甚至有些委屈。事后静下来想一想，确实是，我是多么低估她的自我认识能力啊。如果我这句话是被她接受的、有效的，那么她早就知道该如何做，我早不必说了；如果她不接受，不这样做，我说多少遍都没用，那也早没必要再说了。

　　一直重复一句废话，除了让孩子烦，给孩子压力，有什么用呢？

　　家长如何发现自己爱唠叨？经常看看孩子的反应，如果孩子常常为你的某些言语或指令不愉快，那就要注意了。

　　也许有人会说，圆圆在考试方面不需要你操心，你当然可以很容易地停止唠叨，但如果孩子有某个坏毛病，总也不改正，难道还不说吗？确实，这几乎是所有一直坚持唠叨的家长的共同难题，他们虽然意识到自己说得有些多，但无法停下来，孩子不改变，唠叨不停止。

　　嘴巴有两个功能：吃和说，控制好这两件事都不易，需要努力克制自己的欲望，不放纵自己，养成有节制的好习惯。

第一，孩子的某个或某些缺点，是不是真的不能容忍？家长要反思的是，你要的是一个完美儿童，还是可以有些缺点的孩子？是不是对孩子要求有些高了？如果你认为每个人都可以有些不足，可不可以接纳孩子的这些不足，允许他在某些方面表现不佳而不去唠叨？

第二，如果孩子的确有一个问题需要改善，可是家长说了很多遍，孩子的问题还是依旧，这就已经证明"说"或"提醒"的办法行不通。很可能孩子的坏习惯，正是被"说"得太多了。经常性地负面强化，会把小缺点唠叨成大毛病。家长要相信每个人都有自我完善的本能，相信随着孩子年龄的增长，他会自己想办法修复自身的问题。把问题交给时间，交给孩子自己，也许是最聪明的办法，不唠叨至少给孩子提供了一个最适宜的改善环境。

卢梭说："当上帝希望人做什么事情的时候，他是不会吩咐另一个人去告诉那个人的，他要自己去告诉那个人，他要把他所希望的事情记在那个人的心里。"[1]我国民间也有这样的说法，"妈妈最好用一只手来爱孩子，爸爸最好用半张嘴来爱孩子"，即父母少包办、少唠叨，才是最好的。

唠叨问题不仅容易发生在家庭，也会发生在幼儿园及中小学校园。

当下我国的"校园唠叨"非常严重，简直成了校园灾难。一些中小学校在管理方面制定了烦琐的规章制度，施行了太多没必要的"纪律"，向学生灌输了太多的"规则"，事无巨细，甚至画蛇添足，教师操作得很辛苦，性质、功能却与家庭中的唠叨没有任何差异，只是压抑和扰乱学生，

---

1 [法]卢梭,《爱弥儿》,李平沤译,人民教育出版社,2001年5月第2版,289页。

不能让他们从过往的经验中获得有益的成分，只会让孩子们烦躁，茫然无措，行为反而没章法。

一位在学校担任大队辅导员的小学老师告诉我，她所在的学校是市里一所比较有名气的小学，对学生管制甚严，几乎每个细节都要管到，否则就显得老师或学校不负责任。除了主要的教学生活有统一标准外，细小的事情也必须管到位，孩子们在学校很少有自由活动的时间，更没有自主做事的机会。比如每天上操都要把学生排列得整整齐齐，横看竖看斜看都成直线，孩子们天天做操的过程，都是被大喇叭吆来喝去、极其耗时的过程。

学校所有的工作看起来似乎都尽善尽美，经常受到教委的表扬，还经常有人来参观。这所学校的老师非常累，但学生状态其实并不好，问题儿童非常多，学校的一些设施经常被破坏，学生和学生、学生和老师发生冲突的事时有发生。

有一天，这位辅导员要找几个学生把一沓宣传标语贴到楼道里。按往常的习惯，应该是她领着学生一张张地贴，如何贴，都是由她来指挥。这天，她突发奇想，认为这么简单的事应该交给孩子们自己去做。于是叫来几个四年级的学生，告诉孩子们这些标语一共有三种，要分别贴在一到四层的走廊中。因为学校是个"回"字形的楼，她还特意告诉孩子们要把东南西北四个方向的每一面墙都贴上标语。结果，过了一会儿她出去察看时，大吃一惊。学生们完全不知道自己在干什么，胡乱张贴，不仅选的墙面位置不合适，而且把内容相同的几张标语挨着贴到一起，还上下左右乱贴，没有任何章法。本来准备贴满四层楼的标语，刚贴了两层就用完了。凡贴过标语的地方，墙面乱七八糟，不堪入目。辅导员说当时她很生气，把那几个学生叫来，问他们为什么这样贴，几个学生面面相觑，竟然不知哪里做错了。

这位辅导员陈述的情况我也遇到过，我知道，这不能怪学生们，他们在做这件事时，不是故意不想做好，他们已无力用自己的大脑去判断一件事该如何做。一直被当作机器操纵，到没人操纵时当然要失灵。

我曾参观过一所民办学校，学生的表现和上面提到的情况形成反差。该校校长是一位理想教育的践行者，他奉行的是自由教育的理念，最重要的举措就是减少校园管制，为孩子们尽可能创设自在感，不让他们觉得时时被监督、被教训。

这所崇尚自由的学校反而没有闹哄哄的感觉，孩子们呈现的是既活泼又安静的一种状态。我注意到一个细节，教学楼大厅两侧墙上有开放式橱窗，里面放置了许多精美的工艺品，有琉璃、瓷器、绢人等，橱柜没有玻璃，每个东西都触手可及，但没有一个孩子会去碰触任何一样东西。我问学校老师，不担心这些工艺品被孩子们损坏吗？她说几乎没发生过这样的事，孩子们知道那些东西是陈列品，不能动。

我们一定有这样的常识，从一大堆沙子上抓走一把，不影响沙堆大小；抓去两把，也不影响；抓去三把，还看不出什么变化……一把一把抓下去，大沙堆一定会变成小沙堆，巨大的反差形成得那样悄无声息——唠叨也是这样，没用的话说一句没事，说两句也没事，天天说似乎也没什么，但伤害早已悄悄发生。它像一把小刀子一样，慢慢切割着孩子，不经意间一点点地把孩子的自觉意识、快乐情绪，以及想象力、创造力都切碎了、破坏了。想来，唠叨真是教育中最隐秘又极具破坏力的一个错误。

让拳头打在空气中

家长脾气大造成的后果是什么，我们大约可以这样描述：轻度后果，孩子逆反、消沉、多疑；中度后果，孩子成年后脾气暴躁、爱抱怨或抬杠、为人苛刻；重度后果，严重抑郁症、性变态、神经病人格。

很多家长在和孩子相处中总是喜欢发脾气，习惯于把每次发脾气归咎为孩子不听话，或孩子某种行为太不像话，认为自己发脾气是不得已而为之，是为了教育孩子。事实是，发脾气不但没有教育功能，而且是反教育的。

脾气越大，教育效果越差。

坏脾气不仅像一把乱挥的锤子，破坏当下的一时一事，甚至造成不必要的人生悲剧；更像弥散的有毒气体，形成深远而广泛的损害。

坏脾气造成的后果是什么，我们大约可以这样描述：轻度后果，孩子逆反、消沉、多疑；中度后果，孩子成年后脾气暴躁、爱抱怨或抬杠、为人苛刻；重度后果，严重抑郁症、性变态、神经病人格。家长发三分脾气，会对孩子形成七分损害。说坏脾气是教育的死敌、人生的陷阱，并不为过。

发脾气的坏处其实大多数人都明白，只是做不到不发脾气。不少家长经常下决心要改掉坏脾气，可每每事到临头，火气一上来，就什么都忘了。所以，本文想着重谈谈如何克制坏脾气。

克制脾气不能光靠一个"忍"字。古话说得好，"忍"字心头一把刀。一位家长给我的邮件标题是"我忍，我忍，我忍忍忍"，且不说邮件内容如何，标题已够惊人。刀锋之下，如何能躲开伤害？一个人心上这么多带血的刀子，若不去掉，迟早是要割伤自己或他人的。

这就说到一个问题，脾气大的人为什么心中常有怒气？他们心中的"火"到底从何而来？知道病因，对预防和治疗都非常重要，所以有必要在这里对坏脾气先追根溯源一下。

脾气很差的人，童年经历往往有两个特征：一是身边有个爱发脾气的人，二是内心常常有委屈感。正是童年时代的这两种遭遇，埋下了坏脾气的隐患。

因为儿童的性情是向成人习得的，家长的行为示范作用要远大于口头训诫作用。坏脾气家长动不动向他人、配偶或孩子发火，这首先是做了反面示范，无意中教会孩子用破坏性方式表达不同观点。

同时，坏脾气的人让家庭生活经常充满火药味，让孩子的心里总是充满负面情绪，积淀越来越多的负能量，成年后，习惯以伤害性的方式表达分歧，尤其容易冲着配偶和孩子嚷嚷，甚至动手，因为这两者离自己最近，对自己威胁最小。

于是我们看到，坏脾气代代相传，老子火气大，儿子脾气就差，到了孙子也不怎么样——家族轮回链条就这样形成，正如蒙台梭利所言："每一种性格缺陷都是由童年的不幸造成。"

坏脾气的本质是恨意，恨意和思考力成反比，恨意越深，思考力越浅。

一些爱发脾气的人经常说的一句话是：我这脾气就这样，天生的，改不了。把坏脾气等同于双眼皮一样的生物遗传，这反映了很多人对自己坏脾气的无可奈何，以及对自我改变的逃避。

追溯坏脾气的成因不是为了指责谁，而是为了看清楚自己的缺点从何而来，将要何往。看清事情的来龙去脉，才能避免把坏脾气合理化，才有力量斩断这轮回的链条，并且容易对原生家庭的缺陷给出原谅。

如何改变坏脾气？关键一步是立即行动。即从今天、从这件事开始，不发脾气。

脾气这个东西，不发就不发了，你不纵容它，它就不会张牙舞爪。反之，如果不加约束，脾气可以被喂养得越来越大。这不仅在心理学上被观察到，生物学也证明，惯于摆出暴力姿势的人，只会增加自己的愤怒。

克制脾气可以从每一个想要发火的事件中开始练习，哪怕觉得自己在"演戏"，也要演下去，情绪没到位的情况下，努力让行动先到位。

心理学研究发现，"任意表露情绪，可以强化情绪。相反，尽可能地抑制情绪，则会削弱情绪。"[1] 并且人的情绪有互动性，投射出去的情绪往往会反弹回来，每一次反弹都是强化。好情绪有好强化，坏情绪有坏强化。

亚里士多德说过："我们由于行使正义而变得正义，由于练习自我控制而变得自我控制，由于做出勇敢行为而变得勇敢。"所以，如果我们想要变成"好脾气"，就要让"好脾气"不断和我们相逢，尽量不让坏脾气

---

1 ［美］戴维·迈尔斯，《社会心理学》，侯玉波等译，人民邮电出版社，2006 年 1 月第 1 版，116 页。

出来露脸。

大部分情况下，人只要体验过一次克制脾气带来的愉悦，后面就会更容易控制情绪。

有位家长说她一直对儿子要求严格，但还在读小学五年级的儿子脾气不好，因为一点小事就大发雷霆，大喊大叫，而且从不认错，经常气得她简直要发疯，只是因为知道打孩子不好，才强行忍着不动手，但和孩子吵架却是频繁发生。有一次她实在黔驴技穷了，愤怒地对孩子大喊一声：你就不能让妈妈高兴点吗？儿子大声回敬说："我不知如何让你高兴，就知道如何让你不高兴。"她当时感觉内脏都要气得出血了。

有一天，儿子从学校打来电话，说一个作业本丢在家里了，必须要今天交，要妈妈送一趟。这不是第一次了，这孩子整天丢三落四的，动不动就把什么东西丢在某个地方，所以当她黑着脸把作业本送到孩子手上，刚说了句"每天叮嘱你多少次……"儿子立即呛她一句"好了好了，你快走吧！"扭头就离开，没有一点认错的意思，也没有对妈妈的辛苦表示一点感谢。可能只是因为在学校里，才没大喊大叫。晚上她很想批评儿子几句，只是害怕他发脾气，才硬忍住了，心想等你下次再忘了带东西，逮着了一定好好教训一顿。

没想到第二天儿子又从学校打来电话，说他把今天要交给老师的一张表格丢在家里了，要妈妈再送一趟。她一听，火气腾一下就上来了，没好气地说，妈妈今天忙，没时间，你明天再交吧，生气地把电话挂断。过了一小会儿，老师打来电话，说这个表格必须今天交来，现在班里就缺她儿子这一张，希望家长配合老师的工作，否则孩子没法放学回家，老师也没法下班。老师口气强硬，不容商量，她只好放下手头的事，开车往儿子学校赶去，内心简直可以用怒火万丈来形容，恨不得当下抓住儿子痛骂一顿。

快要到儿子学校时，她想到有可能遇到儿子的老师，突然有一点点胆怯，感觉没有勇气面对，害怕被老师给脸色看。然后又想到，自己都这么害怕见到老师，儿子此时不知有多难堪。老师显然很生气，应该已是狠狠地训了儿子。全班那么多孩子，就他一个人忘了带表格，这让儿子多么尴尬啊。想到这里，她忽然有点心疼儿子了，心里的怒气一下消解了不少，然后，不知怎么突然生出一个想法，今天连提醒也免了，反正提醒也没用，还让他呛自己两句，这次什么也不说，看看他以后会怎样。

到了学校见到儿子，她一反常态地没有生气，把表格交给儿子时，顺便把水壶递到孩子手上，和颜悦色地说，水壶也忘了带了，是不是一上午没喝水，渴吗？妈妈的表现让孩子大吃一惊，他有些不相信地看看妈妈，一时不知该说什么，眼睛里流露出感动。要知道，以前如果忘了带水壶，也是一个过错，回家后总会受到一顿责骂。

看着孩子的表情，妈妈忽然觉得孩子那么可怜，自己没发火，居然让他那么意外，可见自己对孩子发了多少火。妈妈瞬间感觉有些心酸，忍不住温柔地拍拍孩子后背。当孩子确信这次妈妈真的没生气时，眼中突然泛起泪光，有些不知所措地低下头，嗫嚅着低声说一句："妈妈，又让你跑一趟……"孩子虽然没把话说完整，但能听得出他的歉疚，几乎可以确信，孩子在强忍着眼泪，或已流下眼泪。妈妈也突然眼眶一热，又轻轻摸摸孩子脑袋说，没事，反正妈妈今天也不忙。嗯，没别的事了吧，那妈妈走了。孩子轻轻地嗯一声，还是没抬头，妈妈能感觉到她和孩子间有某种温暖的东西在交流着。

回家的路上，竟是从未有过的幸福感，原来宽容竟有这么大力量，可以让一个从来不肯低头认错的孩子主动说出对不起。

晚上孩子回家后，居然也一反常态地变得非常温顺，妈妈让他干什么，他总是情绪愉快地去做了，完全没有以往的故意顶牛。

这次经历让她看到克制脾气的成果，给她带来信心和鼓舞。后来这位家长开始不断地约束自己，发脾气的时候确实是越来越少，脾气也越来越小。很多事情如果放在以前，她一定会觉得不可容忍，非得暴怒一场不可，后来却发现所有的事情都没什么大不了的，不发火并没有那么难，而孩子也变得越来越懂事。

当然，并不是所有的孩子都像这个孩子一样，家长一改变脾气，马上就懂得"领情"，**很多孩子对家长初期态度的转变并没有积极的反馈，似乎无动于衷。如果出现这种情况，也不要气馁，哪怕是遇到孩子主动挑衅也不要发火，让他"拳头打在空气中"。**双方的负面情绪都得不到释放和回应，时间久了，自己的脾气、孩子的脾气都会在不知不觉中变轻变淡。

第四章

你的孩子不属于你

强烈的母爱不是对孩子恒久的占有，而是一场得体的退出。

母爱的第一个任务是和孩子亲密，呵护孩子成长；第二个任务是和孩子分离，促进孩子独立。

4

CHAPTER

爱与溺爱是完全相反的两种东西

"溺爱"一个词带偏了一代人，它使父母吝于付出爱和温暖，让人们因恐惧和教条而去欺负孩子，并把这欺负合理化和高尚化。

"溺爱"是近二十年的流行词，也是个有毒的词。这个词语原本是中性的，说它有毒，是因为它的字面意思误导了很多人。

很多人误以为"溺爱"就是爱得太多了，这导致人们误以为想把孩子教育好，就是要爱得少一些，定规矩多一些，态度严厉一些，物质上苛刻一些，拒绝得频繁一些。

于是不少家长无视儿童的年龄局限，无视儿童的成长需求，热衷于严厉和限制，以为多说些"不"，就是实行了不溺爱的教育——孩子想要妈妈抱着走，不抱，自己走，怕惯坏你；孩子因为喜欢一个瓶子而想买那个瓶装水，不许，不可以浪费；孩子偶尔不想按时睡觉，不可以，必须养成按时睡觉的好习惯；还剩半碗饭不想吃，不行，必须都吃干净，长个子需要营养……

"溺爱"一个词带偏了一代人，它使父母吝于付出爱和温暖，让人们因恐惧和教条而去欺负孩子，并把这欺负合理化和高尚化。

"爱"和"溺爱"从字面看貌似有共同要素，事实上它们不是一种东西程度上的深浅，而是完全相反的两种东西。

什么是"爱"？爱就是无条件的信任、理解、支持和宽容，它的基础是平等和尊重。"爱"无法计量，不存在一个上限"刻度"，更不存在"剂量"太大的问题。爱就像清新的空气、纯净的水，不会伤害人，却是能疗愈各种创伤的良药，是各种问题得以解决的最终答案。

一个被爱滋养的人，只会感觉到平和、自信和丰足。这样的人更能活出最好的自己，也容易将他的正能量散发到周围空间，让更多的人获得爱的滋润。

而所谓"溺爱"，则与爱无关，它的基础是"不平等"，即一方对另一方的过度包办。**它是爱的反面，是披着爱的外衣的过度管制**。在"溺爱"里，几乎不存在信任、理解和宽容，所谓的"支持"也是以包办和管制的形式出现，其本质是"不爱"。

"溺爱"主要表现在三个方面。

一是全方位的控制。即家长对孩子的每件事都有一个完美预设，却并不尊重孩子的个体差异和年龄段的特殊性，做不到无为而为，只是想方设法要让孩子达到预设的标准。这个预设也许是不自觉的，是无意识的，但它却成为家长管理和指导孩子的铁律。

以吃饭为例。八九个月的孩子在吃辅食时很喜欢用小手抓一抓食物，如果家长认为饭只能用来吃，不能用来玩，就会对孩子的行为严加制止。一岁左右的孩子喜欢自己抓小勺吃饭，动作还太笨拙，会把饭糊到桌子上、衣服上，如果家长认为饭桌和衣服时刻都应该是干净的，就会阻止幼儿自己吃饭，由家长一勺勺地喂，以保持桌子和孩子衣服的干净。如果家长认为孩子每餐应该吃多少、吃哪些东西，就会为孩子没完成任务而不安，就会想方设法地要孩子张嘴，哄着喂、追着喂，甚至进了幼儿园还要求教师喂饭。看起来家长真是用心，真是爱孩子，实际上，多少家庭的一日三餐成了孩子和成年人之间耗时耗力的三场较量，成了日复一日的互相折磨。

二是事无巨细的包办。 本该孩子做的事，而且孩子能做的事，家长都抢到前面替孩子做了，导致孩子行为被动、能力低下、懒惰。

比如有的孩子上小学了还不会自己穿衣服，记不住老师留了什么家庭作业。这种情况，都缘于背后有个十分勤快的家长，并且这个家长还凡事麻利且求完美，一着急就代劳。也有些家长误以为事事替孩子做了，就是爱，把一切都大包大揽了，不给孩子留一点做事的机会。我甚至见过一个大学生，一米八大个子的男生，和妈妈逛街，买了东西会很自然地顺手塞到妈妈手里。即使他偶尔不主动把购物袋塞妈妈手里，妈妈也会下意识地抢过去，看起来那已成了他们间的习惯。

包办必然伴随着唠叨、数落和批评，越是热衷于包办的家长，越是热爱用言语来贬低孩子，"你看你，什么也干不了""你不行，我来做吧。"这不但在消灭孩子的独立性，还在打垮孩子的自信心和自尊心，使其变得要么厚脸皮，要么缺少责任心，要么自卑，在面对各种生活事务时总是萎靡退缩，无能为力。

三是密不透风的介入。 很多家长自认为懂得比孩子多，凡事都要对孩子指点一番，不懂得在自己和孩子间留下适当空隙，不给孩子独立做事留下空间。

孩子从小到大，从吃饭、睡觉、学习、写作业、玩游戏等等，家长都要介入。不停地插手各种事情，不停地告诉孩子应该这样，不该那样。剥夺孩子自我思考、自主练习和自由选择的机会。甚至买回一个组装玩具，明知孩子想自己组装，也不让孩子碰一下，必须家长给组装好了才交到孩子手里，似乎这才表达了爱心和用心。

这三方面互为因果。喜欢控制的家长特别容易出现包办行为，包办往往意味着事事介入，事事介入则形成对孩子的强力控制，导致孩子能力下降，于是包办更严重，介入更密集——恶性循环的链条就此形成，而家长们却会觉得自己这样做是比别的家长更爱孩子。因此，他们到头来最困惑的是，自己付出那么多，孩子为什么成长得并不理想？

控制、包办、事事介入，诉求点都是在表达父母的主观意志。采用这三种方式和孩子相处的家长，哪怕他们在理念上承认孩子和家长是平等的，实际生活中却制造了不平等的关系。在"溺爱"中，家长是主角、控制者，依靠自己天然的强势和权威地位对孩子进行软统治。孩子是配角和被控制人，他在家长的"爱"里丧失了自我。

对孩子进行全方位无死角的直接干预，与其说这是爱孩子，不如说是家长更爱自己的想法，更尊重自己的偏好。所以它是一种自私的行为。有人说"溺爱"其实是"溺死孩子，只爱自己"，这一针见血地指出了溺爱的本质。

站在孩子的角度，虽然他的大脑会告诉他，父母是为了自己好，但他的感受却是如此糟糕：自己这里不好，那里不对；这个不能做，那个不能碰；这个应该听家长的，那个也应该听家长的……他无法感到父母的温暖和疼爱，只感受到了压抑和自卑。

爱是成全，溺爱是破坏；爱是推动，溺爱是阻碍。

被"溺爱"的孩子变得越来越不如人意，这事并不意外，无非是水到渠成的自然发生。意外的是全社会的归因：孩子变坏是因为他得到的爱太多了，要少爱他们，甚至要惩罚他们——孩子不配得到太多的爱，对他们管得多一些、严厉一些才是教育——这种集体无意识最后都会变成对儿童的敌意和进一步碾压。"熊孩子"概念的出现，就是典型的对儿童问题进行错误归因，是对儿童进行扭曲评价的典型现象。

确实，太多的人看不明白成人对待孩子细微的差别会造成孩子与孩子间巨大的差异。在我们身边，时时会有家长叫屈，我对孩子那么用心用力，孩子怎么就变成了这样。人家隔壁老王看着也不怎么管孩子，人家的孩子怎么就那么优秀呢。他们以及他们周边的人会总结说，要么是孩子自己天性不佳，要么是因为对他太好了，把他溺爱坏了。

人们对教育中很多现象在进行错误归因，错误归因形成错误结论，错误结论又衍生出新的错误做法，这不但使得原有问题一直得不到解决，还会导致新问题产生。

教育最特别的地方在于努力程度和结果的不匹配性，如果底层思维有问题，越用力，破坏性越大。"溺爱"即是深具破坏性的行为之一，会导致南辕北辙的结果。

家长在孩子面前谦卑一些，宽容一些，后退一些，敬畏一些，而不是相反。如此，才是把爱给到了孩子，而不是用溺爱控制了孩子。

不被遮蔽的天地才会有阳光，不被压制的生命才能健康成长。得到真爱的孩子，内心充满安全感和丰足感，既有自觉性，又有独立性，能够从容应对生活中出现的各种状况。家长在养育孩子过程中，要经常问问自己，我是在爱着，还是误入了溺爱。这个自我觉察十分重要，它几乎规划了你的教育之道，也铺就了孩子的成长之道。

你的孩子不属于你

　　爱就是放手。死活不放手的母亲，与其说她爱孩子，不如说她爱的是占有欲，根本上说，她不在乎孩子。

以前看过一个故事。

某天某县官在衙门办案，堂上跪了两妇人，中间放一个不懂事的幼儿。两个妇人都声称孩子是自己的，自己才是亲妈，对方是假冒的。

到底谁是孩子的亲妈呢？在没有 DNA 鉴定的古代，这确实是个难题。

县官思忖片刻，对两位妇人说，既然没有人能说清楚孩子到底是谁的，这样吧，你俩抢吧，谁抢到就是谁的。

话音刚落，两个妇人同时扑向孩子，孩子立即杀猪般地大哭起来。

一个小孩子怎么能受得了两个成人的撕扯，这样抢夺下去会揪断孩子的胳膊或腿，甚至会要了孩子的命。一个妇人很快表现出不忍，放手了，抢到孩子的妇人脸上露出胜利的微笑。

县官看看这两人，一拍惊堂木，立即断定孩子是先放手妇人的，让衙役把抢到孩子的妇人拿下，众人无不对此表示赞同和钦佩。

这个寓言要说的很明白——

爱就是放手。死活不放手的母亲，与其说她爱孩子，不如说她爱的是占有欲，根本上说，她不在乎孩子。

2013 年，媒体报道一位妈妈陪儿子在同一间卧室睡到十九岁，甚至孩子上大学到另一个城市后，妈妈辞职，到大学附近租房子来陪儿子，理由是儿子离不开她。人们对这位妈妈多有批评，网上甚至有人猜测这位妈妈是否有乱伦倾向，或至少是"精神乱伦"。

乱伦之说我倒不太相信，这个问题上，我赞成心理学家阿德勒对类似问题的观点：俄狄浦斯情结是由于教育错误所造成的人工产品。我们不需要假设由遗传得来的乱伦本能，也不必想象这种变态的本源和性有什么关联。[1] 所以我宁可相信这位妈妈的行为是由于教育上的蒙昧和人性的自私所致。这种蒙昧和学历无关，在当代生活背景下，更多的是自然天性退化的后果。

有位年轻妈妈告诉我说，她的父母一直希望她出人头地，对她管得多管得严。比如她从小热爱阅读，爱看古典小说、历史书籍，却常常遭到父母的白眼和阻拦。他们希望她只看课本，认为看"闲书"没用。到她现在成家且有了孩子，假期中偶然拿起本小说看看，她父亲都会批评说，怎么不看专业书？看小说有啥用？

这位读者说，虽然知道父母爱她，但和父母相处的感觉却是"觉得简直是生活在地狱里"。父母想要包办她的整个人生，他们从不觉得她是个独立的人。

占有欲是包办的底层原因，也是父母屡屡越界的动力。它给家长带

---

1 [英]A.阿德勒，《自卑与超越》，黄光国译，作家出版社，1986年9月第1版，111 页。

来某种程度的快乐，却会让孩子如入牢狱，甚至生不如死。

没有被包办过的人可能很难想象被过度包办的痛苦。

我曾收到一封读者来信，写信人也是一个年轻女子，最后的签名是"一个绝望的人"。她在信中陈述了她妈妈无止境的包办带给她的痛苦，并把她曾给妈妈写的一封信一并发给我，问我要不要发给她妈妈。信是这样写的：

> 从小到大，无论什么事你总是冲在我前面，那些我应该自己去做，或者我应该学着去做的事情，你全部包办了，却又总是挑剔我，说我自理能力很差，甚至在别人面前说我这个做不好那个不会干。这导致我做什么都没自信，结果确实是什么也做不好，于是你就更有理由冲在我前面。你一直用这样极其残忍甚至残酷的方式对待我，我怎么可能不自卑？怎么可能有自理能力？怎么能学会和别人打交道？你为什么老是要冲到我前面？后果只有两种：要么，我终于有一天不堪忍受，自杀了。要么，将来你老了，先我而去了，留下我一个人，不会烧饭，不会自己买衣服，不会讨价还价，不会和人打交道，不会保护自己……最后悲惨地死去。总之，你是在往绝路上赶我！（原信中，女孩在此处用了二十多个感叹号！）

父母如果固执地霸占孩子的生命空间，孩子的世界只能狭小，甚至残缺。而这个女孩子敢于鼓起勇气写出这样一封信，也是出于自救的本能，所以我赞成她把这封信发给妈妈，并鼓励她勇敢地摆脱妈妈的控制。

当代父母文化程度越来越高，总体来说，家长们的素质越来越好。但同时出现的问题是，很大一部分父母恰由于文化程度的提高而丢失了某些天性，在如何做父母这个事情上出现退化，反而表现得素质低劣——典型的表现就是"控制"。

有一次我参加一个旅游团，团里有一对母子，母亲是大学教授，已退休。儿子是独生子，当时已三十六岁，有份不错的工作，尚未结婚，也没有女朋友。两人都修养良好，母子关系看起来很融洽，走到哪里都形影不离。

但在十几天的旅行中，大家慢慢发现，教授对儿子管得实在太多，像管一个七八岁的小孩子。从吃饭到买纪念品，什么事都要干涉一下，儿子总是很听话，妈妈让吃什么就吃什么，他看好而妈妈不喜欢的旅游纪念品他会马上放回去，母亲让干啥就干啥，整个人也显得有些幼稚，与年龄不符。

有一天晚上我们十几个人在一起喝啤酒，一边聊天一边唱歌，十分愉快。教授不喝酒，也不喜欢听歌，和大家聊了一会儿说累了，要早些回房间睡觉，然后一边起身一边很自然地喊儿子"咱们走吧"。她儿子很明显当时并不想回房间，还想再和大家一起玩一会儿，但他似乎并不敢提出这个要求，有些犹豫地往起站。看他这样，我们几个人忍不住替他求情，希望教授自己先回房间，让儿子再玩一会儿。教授淡淡一笑，轻柔却不容置疑地说：我知道他的酒量，可以了，今天不能再喝了。然后对儿子说，走吧，早点回去休息。

儿子尴尬地冲我们笑笑，无可奈何地站起身，乖乖地跟着妈妈走了。

大家虽然都没再说什么，但我相信每个人心里都很遗憾，也很感叹。妈妈不允许儿子独立，儿子就只能永远做小男孩，哪个成年女人愿意和一个小男孩结婚呢？一个三十六岁还未"成年"的人，要等到什么时候才能开启自己的人生呢？

阿德勒在他的书中举过一个例子，一个七十五岁的农妇，她的儿子在五十岁的时候还与她住在一起。两人同时得了肺炎，母亲活下来了，儿子却死了。当母亲得知儿子的死讯时，悲伤地说："我早就知道我没法把这个孩子带大的。"这位母亲觉得自己要对孩子的一生负责，从来没打算使他成为独立的社会人。我们开始明白，如果母亲未能扩展她的孩子与其他人的联系，未能引导他与生活中其他人平等地合作，那么她犯了多么严重的错误！[1]

现在社会上有一种"啃老"现象，不少年轻人大学毕业后不去找工作，或是结婚了还事事依赖父母，不仅经济上不能独立，心理上也离不开奶嘴。批评者的矛头总是指向年轻人，认为他们之所以"啃老"，是出于懒惰和不思进取，甚至有人提议要通过立法来禁止"啃老"。

这种把所有的责任都推给子女的做法并不公平。自己会走路的人，谁愿意被人天天搀着走？如果能自立，谁愿意一直被父母供养？

"啃老族"在本该蓬勃发展的年龄却出现意志瘫痪，这种状态和他们的成长史脱不了干系。孤立地对年轻人进行道德否定，使人们无法看清问题的真正根源，也无法找到解决的出路。

我接触过一些"啃老"的年轻人，他们的成长总是惊人地相似，那就是父母很少有分离意识，一直包办，不肯让孩子独立；与此同时，又一直对孩子的种种不能独立充满指责和鄙视。孩子在不知所措中慢慢变得惰性十足并且厚脸皮，最终罹患自尊缺乏症和精神侏儒症。

父母如果只是单方面发展自己的专业知识和职业前途，而不发展作为家长的智慧，那么他们在对孩子的控制上，可能会超过一般人，形成的破坏性也许隐蔽，却深入而长久。

"出于爱收回展开的手，并且作为赠予者保持着羞愧之心，这乃是最

1　[英]A.阿德勒，《自卑与超越》，黄光国译，作家出版社，1986年9月第1版，109页。

艰难的事了。"[1]这道难题，值得每个父母用心去解。

防止过度干扰孩子的生活，除了树立相关意识，另一个重要办法是母亲应该发展自己的事业和爱好，把自己的生活打理好。

全心全意关爱孩子，并不意味着需要丢失自己。爱孩子的妈妈也可以穿得漂亮，吃得优雅，玩得愉快。如果一个母亲除了工作或家务没有其他爱好，没有朋友，不爱逛街，不爱看书，不懂时尚，没时间运动，那么很可能她的唯一爱好就是全面参与孩子的生活。

不愿孩子独立，总想把孩子和自己绑到一起的妈妈，往往会以一个苦情妈妈的形象出现。妈妈如果一直活得苦兮兮的，这只会让孩子难过和歉疚，对他的成长和幸福并没有好处。所以，不要做苦行僧式的妈妈，要做享受人生的妈妈。只有妈妈活得幸福快乐，孩子才能真正幸福快乐。

黎巴嫩诗人纪伯伦有一首著名的诗，冰心等前辈曾把这首诗翻译为中文。在这里我重新翻译了这首诗，把它送给亲爱的读者。父母若能用心好好体会这首诗，必然会明白自己正确的站位和角色，知道力气应该用在哪里。

你的孩子

你的孩子不属于你

他们是生命的渴望

是生命自己的儿女

经由你生　与你相守

却有自己独立的轨迹

1　[德]尼采，《查拉图斯特拉如是说》，上海人民出版社，2009年4月第1版，101页。

给他们爱，而不是你的意志
　　孩子有自己的见地
给他一个栖身的家
　　不要把他的精神关闭
他们的灵魂属于明日世界
你无从闯入，梦中寻访也将被拒

让自己变得像个孩子
不要让孩子成为你的复制
昨天已经过去
生命向前奔涌
无法回头，川流不息

你是生命之弓，孩子是生命之矢
幸福而谦卑地弯身吧
把羽箭般的孩子射向远方
送往无际的未来

爱——是孩子的飞翔
也是你强健沉稳的姿态

附：英文原作

On Children

Your children are not your children.

They are the sons and daughters of Life's longing for itself.

They come through you but not from you.

And though they are with you, yet they belong not to you.

You may give them your love but not your thoughts.

For they have their own thoughts.

You may house their bodies but not their souls,

For their souls dwell in the house of tomorrow, which you cannot

visit, not even in your dreams.

You may strive to be like them, but seek not to make them like you.

For life goes not backward nor tarries with yesterday.

You are the bows from which your children as living arrows are sent forth.

The archer sees the mark upon the path of the infinite, and He bends

you with His might that His arrows may go swift and far.

Let your bending in the archer's hand be for gladness ;

For even as he loves the arrow that flies, so He loves also the bow

that is stable.

母爱是个逐渐分离的过程

强烈的母爱不是对孩子恒久的占有，而是一场得体的退出。

母爱的第一个任务是和孩子亲密，呵护孩子成长；第二个任务是和孩子分离，促进孩子独立。

在我小时候生活的大院中，有个叫小四的男孩。小四家有三个女孩，只有他这一个男孩，他妈妈极其宠他。他妈妈是文盲，在我的印象中有些窝囊，似乎很少和人说话，每天只是买菜做饭。听说自从小四长大，开始谈婚论嫁后，他妈妈一下变得非常强势。先是不同意小四自己谈的两个对象，小四不听她的，她就喝药上吊，闹得十分凶。后来小四终于妥协，和他妈妈相中的一个女孩结婚。但奇怪的是，他妈妈对媳妇很快由爱得要命变成恨得要命。除了挑拨小四夫妻关系，还常常找各种借口把小四扣留在自己这里，不让他回自己的家。小四硬要回去，他妈妈就经常找个理由跟过来，晚上也住在小四家。当时小四住在一间小平房里，只有一盘小炕，他妈妈就和儿子、媳妇挤在一个小炕上睡觉。小四的孩子出生后，他妈妈更找出各种理由不让小四和媳妇在一起。

　　在孩子两岁多时，有一天，小四失踪了，只给媳妇留了一张六个字的字条："我走了，不用找。"二十多年过去了，小四再没出现，没有人知道他是死是活。他妈妈在他失踪几年后去世。真难以想象她在去世前，心里会想些什么。

　　每每想到小四，那个我们童年的玩伴，想到他小时候天真无邪的淘气样，以及二十五岁时决绝的离去，我都惆怅万分，叹息母爱可能是一座宫殿，也可能是一间牢狱。

　　在这里我不想对小四的妈妈进行人性的、伦理的分析，只想用这个极端的故事引出一个既普通、又非常重要，却常被忽略的教养守则——

　　母子间的感情应该是绵长而饱满的，但母亲对孩子生活的参与程度必须递减。

　　强烈的母爱不是对孩子恒久的占有，而是一场得体的退出。母爱的第一个任务是和孩子亲密，呵护孩子成长；第二个任务是和孩子分离，促进孩子独立。

　　母子一场，是生命中最深厚的缘分，深情只有在这渐行渐远中才趋于真实。若母亲把顺序做反了，就是在做一件反自然的事，既让孩子童年贫瘠，又让孩子的成年生活窒息。

　　本文谈及的"母亲"，泛指"父母双亲"，只在某些段落独指妈妈这个性别角色，相信读者能自行甄别这一点。

　　现在越来越凸显的一个社会问题是，父母在孩子年幼时不肯和孩子亲近，把孩子扔给老人或保姆。理由要么是为了给孩子创造更好的生活条件，要赚更多的钱，没时间管孩子；要么是迷信某种冷酷的"育儿经"，比如"孩子不能多抱，不能溺爱""哭声免疫法"等育儿邪教，故意不和孩子亲近，任由幼小的孩子孤独忧伤，美其名曰培养独立性。

　　如果父母与孩子间缺少早期的亲密接触，彼此就很难建立畅通的沟通渠道，互相理解就变得困难。待孩子成年后，父母往往是一方面对当初冷落孩子的做法感到后悔，有强烈的补偿心理，生硬地要塞给孩子很多东西；另一方面又有讨债心理，希望孩子回报自己的付出，听话并且和自己亲近。而孩子又不可能配合得很好，于是摩擦不断。

颠倒的亲密顺序，让母子双方都感觉困惑。

曾有一位初中生的妈妈向我咨询，她的困惑是感觉和已上初中的儿子越来越陌生。儿子一回家就把自己房间门关上，她想多了解儿子，进儿子房间不敲门，事实上是为了查岗而搞突然袭击。儿子对此表示很不高兴，抗议过几次，妈妈不听，儿子就在自己房间的门上贴了一张"闲人莫入"。当妈的感觉很受伤，她觉得自己努力去爱孩子了，却成了儿子眼中的"闲人"，心里备感失落。她说，我现在会按他的要求敲门后再进入，可是心里还是担心，这样万一孩子做点什么事真的就一点也不知道了，那我以后还怎么帮助他，怎么教育他？

持有这样思维方式的父母，他们习惯于把自己的功能扩大化，不习惯随着孩子的成长调整自己的行为界限。上幼儿园的孩子独自在某个房间时，确实需要父母不时地过来关照一下，一个初中生需要这样的关照吗？从这位母亲的话中可以看到，她的担心不过是孩子"万一"做的那个事情，这个"万一之事"可能是什么呢？玩游戏？和女同学聊天？上黄色网站？手淫？不管什么事，哪一种是需要突然推门进来解决的呢？

喜欢越界的父母总是表现出对孩子的极度关心，事无巨细地关心，其实他眼里没有孩子，他只是变相地表达了对孩子的不信任和不尊重。尽管都是打着"关爱"和"教育"的旗号，但传递的总是令人厌烦的气息，孩子不会从中体会到爱和教育，只能体会到被侵犯。

这位妈妈其实应该感到庆幸，因为她的孩子尚小，且会反抗，敢于公开拒绝家长对他自由的侵犯，说明孩子的"自我"还比较强大，比较完整。家长若能从孩子的反应中意识到自己的问题，及时调整，则既避免了伤害孩子，也给了自己一次成长的机会。

有自尊的父母不会刻意去抓孩子的什么把柄，也会羞于面对孩子的窘迫。他要呵护孩子的面子，也不肯降低自己的修养，这样的心境在父母和孩子间自然营造出合理的距离，开始得体地分离。

所谓"分离"，并不是慢慢放弃对孩子的关爱，而是慢慢调整关爱的方式。没有哪个母亲会明确地知道应该从哪年哪月哪天哪件事上开始和孩子"分离"，就像她不会发现孩子哪年哪月哪天比她长得还高一样。

成长变化伴随着孩子的每一天，分离也伴随始终。从孩子脱离母体开始，整个成长过程就是不断地脱离。

脱离乳房独自吃饭，脱离怀抱独立行走，脱离监护单独外出，脱离供养自己赚钱，脱离支配发展自我，脱离家庭组建另一个家庭——父母从第一亲密者的角色中退出，让位给孩子的伴侣和他自己的孩子，由"当事人"变成"局外人"，最后是父母走完人生旅程，彻底退出孩子的生活。

可以这样理解，**成长和分离是对同一件事情的主次描述，成长说的是孩子的变化，分离说的是围绕这种变化父母所做的角色重要性的调整。**

父母对孩子生活的参与程度逐步递减，角色范围一点点缩小，这样才能给孩子的生活腾挪出空间。在健全的亲子关系中，这是非常正常的调整。

哲学家弗洛姆是对母子关系解析得最好的思想家之一，他认为："母爱的真正本质是关心孩子的成长，也就是说，希望孩子与自己分离。这里体现了母爱与性爱的根本区别。在性爱中，本是分离的两个人成为一体；在母爱中，本是一体的两个人分离为二。母亲必须容忍分离，而且必须希望和支持孩子与她分离。正是在这一阶段，母爱成为一个至为困难的任务，它要求无私，要求能够给予一切，而且除了所爱者的幸福以外一无所求。也正是在这一阶段上，许多母亲未能完成母爱的任务。自恋、盛气凌人、占有欲使妇女只有在孩子尚小时才能成为一个爱孩子的母亲，爱幼小的孩子其实再容易不过了。而检验一个母亲是否真正具有爱的能力，就看她是否愿意分离，并且在分离后继续爱着。"[1]

不懂得分离的父母，即使孩子成年、结婚，也要努力保留住对孩子的控制。他们往往喜欢一边事无巨细地包办，一边抱怨孩子的无能。

这样的家长，其潜意识并不想让孩子独立，他要让自己在孩子的生活中显得重要，于是会有意无意地制造孩子的不重要感。与其说他极爱孩子，不如说他极爱那种对孩子的全面把控，这种控制给他带来的成就感和强大感，让他对自己满意。

如果孩子对家长的操控完全麻木了，丧失了对"自我"边界的守卫，受到的伤害也许是致命的。

有一次我听一位心理专家谈到一位刚做妈妈的姓周的年轻女子自杀的案例，非常为这位小周惋惜。

小周工作稳定，丈夫体面，家境殷实，父母对她也很好，又刚有了一个健康可爱的孩子，没有人能想出来她为什么会自杀。最后，大家都归因为产后抑郁，即这是个纯生理问题。但心理专家不这样认为，他认识小周的一个好友，对她的家庭生活细节有所了解，他的判断是，产后抑郁只是压死骆驼的最后一根稻草，根本上，小周是死于父母的过度包办。

小周有一对极其喜欢包办的父母，从小到大的包办自不必说，上大学时她想报考离家很远的学校，父母不同意，强迫她报考了离家只有两小时火车车程的另一个城市的一所大学。在专业选择上，小周当时对心

1　[美]弗洛姆，《为自己的人》，孙依依译，生活·读书·新知三联书店，1988年11月第1版，27—272页。

理学很感兴趣，父母说学金融吧，这方面我们有路子，可以给你找人安排工作。小周极不情愿学金融，父母就软硬兼施地给她做思想工作，最后迫使小周就范。小周上大学后周末不愿回家，妈妈就每周乘火车去一趟女儿的学校，除了带一大包吃的用的，还要带去洗好的衣服床单等，然后再带一大包脏衣服回家。毕业后工作是爸爸给找的，对象是父母帮助确定的，新房的所有家具，哪怕是一个废纸篓都是妈妈给买来的，没有小周自己插手的余地。

她结婚后，虽然家里锅碗瓢盆一应俱全，却几乎没开过伙，都是在父母家吃。两年后孩子出生，母亲更以一个过来人的身份，包办了婴儿的一切。不管小周干什么，妈妈都会说，看你笨手笨脚的，我来吧。小周经常像个局外人似的看着妈妈给小孩穿衣、换尿布、洗澡，自己可做的唯一的事就是哺乳。小周一直睡眠不好，有了孩子后，半夜要起来喂几次奶，妈妈觉得女儿太辛苦，就不让小周晚上给孩子哺乳，自己晚上起来几次给孩子喂牛奶。满月后，干脆把婴儿抱到自己房间，说反正将来这个孩子是由我来带，从现在开始让他习惯和姥姥睡在一起。小孩过完"百岁"后，小周快要上班了，妈妈要小周干脆给孩子断奶，一心一意去工作。小周在自己的孩子面前彻底变成了旁观者、局外人。就在要去上班的前一天，这个刚做了妈妈的年轻人打开窗户，从高楼上跳了下去。

不忍心谴责小周的父母，只想用这个悲伤的例子提醒家长，泛滥的母爱和泛滥的洪水一样，已不是河床里奔流的能量，而是破坏力和灾难了。

真爱孩子的父母不会一味放纵自己的感觉，懂得适时约束自己。宁可自我满足感上欠缺一些，也要让孩子独立，成为他自己。

作为已成年的子女，为避免父母对自己的过度包办，参加工作后就应尽量独立生活，成家后更应该避免和父母住在一起。

不要对父母心存依赖，也不要被"孝"或"不孝"的绳索捆住，要坚定地拒绝父母越界。遇到父母无端的干涉时，最好的办法当然是好好和父母沟通。如果无法沟通，就一笑了之，说句"妈妈你说得对，我知道了"，然后让父母的话左耳朵进右耳朵出，自己该怎样干还怎样干，进行"非暴力抵抗"。忍不住时，也可以顶撞父母，要勇敢地声明自己的主张。

爱包办的父母，最初遇到孩子的"独立战争"时，会悲伤和不适，但从一个较长的时间段来看，肯定是欣慰的，毕竟绝大多数父母都希望自己的孩子生活得幸福。如果他们看到你离开他们过得不错，你活得快乐，他们就会慢慢适应这种变化，并慢慢悟到"母爱是个逐渐分离的过程"这个道理是多么正确。

第五章

谈谈竞争、寄宿和金钱

童年的任务不是向外延展，而是向内积累。一个人内在力量强大，才能很好地把控自己，未来才有可能处理好自己和世界的关系。

儿时不竞争，长大才胜出

童年的任务不是向外延展，而是向内积累。一个人内在力量强大，才能很好地把控自己，未来才有可能处理好自己和世界的关系，在人生事务中获得主动权——这才是培养竞争力的正常顺序和逻辑。

"儿时不竞争，长大才胜出"这样的观点如同一个悖论，可能挑战了人们的习惯。

一直以来，我们的习惯是崇尚竞争，犹如崇尚美德一样；而且很多人认为竞争意识要从小培养，如同美德需要从小培养一样。这实际上是一个认识误区。这一误区的出现有两个主要原因，一是过分高估了"竞争"的正面意义，二是没明白童年的主要任务是什么。

人生并非完全不需要竞争，我们不否认竞争给人们带来的成就感，能推动社会进步。但竞争一定要守住两个度：一个是心理程度，一个是年龄向度。前者说的是"适度"的竞争是好的，不要"失度"；后者说的是并非任何年龄的人都适宜参加竞争，老人和孩子的生活中就不该有竞争。因为他们是弱势人群，体内能量本身就很少，竞争消耗能量，于老人来说会加速枯萎，于孩子来说会影响其正常成长。

老人竞争一直不是一个普遍的社会问题，儿童竞争却愈演愈烈。希望孩子未来有出息，能在社会竞争中胜出，这个目标本身没错，就像少年怀有理想从来没有错一样。但如果认为孩子的竞争意识要从小培养，在孩子年幼时就推动他参与竞争，这就错了。

童年是一个非常独特的年龄段，有自己独特的任务。小孩成长为一个成年人的正常过程，是一个由"小动物"向"人"进化的历程，即"自然人"向"社会人"过渡的历史。初生婴儿和一头刚出生的小牛犊一样无知，体力上比小牛犊更柔弱，从童年走向成年的时间也比小牛要长得多。这是大自然的精心安排，它要为每一种有巨大潜能的生命，留出足够的积蓄能量的时间。就像麦苗从小绿芽过渡到麦穗硕壮需要时间和阳光雨露一样，孩子的成长也需要较为漫长的岁月以及严格的、不可逾越的顺序。

童年的任务不是向外延展，而是向内积累。一个人内在力量强大，才能很好地把控自己，未来才有可能处理好自己和世界的关系，在人生事务中获得主动权——这才是培养竞争力的正常顺序和逻辑。

成年人的责任则是不打扰孩子的自我发展，有条件的情况下给孩子一些助推力——即我们常说的要给孩子良好的启蒙教育，呵护好儿童的好奇心，发展孩子的自由意志，让孩子有幸福感——这些教育学上恒定的真理，正是发掘儿童内在潜力、成全他未来竞争力的最简单最重要的手段。

可惜的是，现在很多人看不到这些简单教育要素中深藏的力量，更愿意把精力花在一些眼前的竞争事务上。其理由是，社会需要竞争，应该从小培养孩子的竞争意识。不能不说，这看似长远的想法，实际上是短见。

有这样心理的家长，往往自己的攀比心比较重，喜欢给孩子灌输一些弱肉强食的道理，喜欢计较一些可量化的外部得失，如会背的唐诗比别人多几首，是否上了重点校，成绩排名如何，获得了多少种证书，等等，不仅引导孩子和他人比，更推动孩子和自己较劲，却较少关心孩子内在的感受。表面看来这些家长站得高，其实并没有看得很远。

当孩子的注意力被转移到各种"比"的事情上，自我成长力量就开始分散，而竞争带来的焦虑感又会更多地消耗孩子的精力……孩子内心变得越来越羸弱。

我曾收到这样一封信，写信的是一个二年级小学生的家长，信是这样写的：昨天，我儿子放学回家，晚上做作业时还好好的，一会儿拿出了一张试卷就开始掉眼泪，我以为没考好，瞄了一眼分数，是 99 分，我问是怎么回事，他就问："妈妈，我数学一考就是 100 分，语文考试怎么老考不了 100 分呢？"说着就开始哭了。我用您的方法告诉他，你自己把试卷订正完，如果全对了，还是 100 分。可他含着眼泪说，可是在老师那里不是 100 分，老师今天让我们反省为什么没得 100 分。我告诉儿子，没得 100 分没关系，重要的是学过的东西有没有掌握。孩子点头好像明白了，但做作业时还是伤心，情绪不高，注意力也不能集中在作业上，显得心不在焉。我想请教尹老师，如何才能引导孩子面对考试时有个好的心态？

虽然信件只是孤立地陈述了一个生活小片段，但可以肯定的是，这绝不是一个孤立事件，冰冻三尺非一日之寒，一个才上二年级的小男孩为了一分之差而流泪，背后要多少相关事件才会孵化出这个结果呢？老师要孩子"反省为什么没得 100 分"，这真是疯了，家长又在多大程度上推波助澜了呢？虽然这封信中家长开导孩子的话说得不错，但从孩子的反应可以看出，他并不相信家长的话。孩子像雷达一样，能准确感觉父母的态度。如果父母只是为了开导孩子说些言不由衷的话，孩子是会听出来的，他不但不相信，反而会更难过。沿着这样的心理轨迹一直走下去，十年、二十年后，这个小男孩会是个有竞争力的人吗？

我们常用"格局"来评判一个人的发展潜力。有的人你会感觉他身上有宏大气场，体内蕴蓄着蓬勃的能量，在困难面前无所畏惧，我们会说他"格局大"。有的人则心胸狭隘，或有小聪明小心眼儿小钻营，凡事很用心却很无力，内涵让人一眼望到底，我们会判断他"格局小"。

我认识一位年轻人，他的微博大约只发两类内容，不是励志就是抱怨和骂人，情绪总在两极上惴惴不安。他的父母都是当年经过艰苦奋斗，从农村走出来的，在事业上小有成就。年轻人遗传了父母的智商，小时候很聪明，父母对其寄予厚望，一直不停地给他励志，要他处处胜出，孩子达不到，父母就不停地失望，不停地对他训诫……现在孩子成年了，对自己不满意，总想做出个样子给父母看，又力不从心，集合不起体内的能量，只能在励志和咒骂中纠结着过日子。

如果童年的生活总处于斤斤计较中，大格局从何而来呢？

不能不说，**现在的童年生态环境太差了，成人把自己的焦虑过多地转嫁到孩子身上，即使有"拼爹"这一说，压力实际上最终都落在孩子身上，太多的孩子过早地被赋予竞争的责任，背负了攀比的重担。**

我曾收到一封这样的家长来信，说他为了给孩子择到一个市级重点幼儿园，倾尽全力，想了很多办法，找了一些关系，同时，因为幼儿园要用考试选拔孩子，为了在选拔中能有好的表现，家长早就做了准备，教孩子学了不少东西。但最后却没能被这家幼儿园录取，只好选了一个普通幼儿园。得知这一消息后，年仅三岁的孩子居然号啕大哭，并在接下来的日子，只要一提上幼儿园，就伤心不已，对于上普通幼儿园非常排斥。眼看着入园的时间快到了，孩子表现得还是很抗拒，家长给我写信要咨询的是，怎么给孩子做思想工作才能让孩子愉快入园呢？

　　我无法给出答案，因为"给年仅三岁的孩子做思想工作"是在头痛医脚。孩子们在不适宜竞争的年龄，被卷入无节制的竞争中；在尚不具备抗挫折的年龄，被成年人搞得心理失衡，这怎么能用一番说教解决呢？就像不可能通过说动听的话让一个饥饿的人不再需要食物，我们也不可能通过给孩子做思想工作，解决他正常生命秩序被扰乱的困惑。

　　让幼小的孩子去竞争，不是给孩子助力，只是给他使绊子。在竞争焦虑的氛围下成长，并被迫进入竞争轨道的孩子，更容易出现无力感、自卑感和心理失衡——始于童年的竞争很少有赢家。

　　儿时不竞争，长大才胜出，这不是一个新概念，而是古老的事实。尤其是生活已摆脱温饱之虞后，在当下乃至未来，人们比拼的不是"竞争意识"，而是来自更高层面上的价值判断、创新能力、心理承受能力以及克服困难的勇气等。这正是俗话所说的打铁还需自身硬。面对一个弱小而又有无限潜力的孩子，与其着力培养其"竞争意识"，不如专心培养他的良好品格。**每一种好品格都可以催化出面对世界、面对困难的能力和勇气，好品格本身就是竞争力。**

　　设想一个孩子如果体质好，心理健康，有求知欲，开朗友善，自信平和，那么即使他从未听说过"竞争"这回事，在未来的人生中，有什么样的竞争会打败他呢？

　　当代著名企业家、阿里巴巴创始人马云可谓典型的"成功"人士，在激烈的市场竞争中，他曾经历种种挫败，却一直坚持，取得了令人瞩目的成就。他说："一流高手眼睛里面没有对手，所以我经常说我没有对手，原因是我心中没有对手。心中有敌，天下皆为你敌人；心中无敌，无敌于天下。"这句话道出了他的成功秘诀。

　　放下竞争意识，才是拿起竞争能力。这正是老子说的"夫唯不争，故莫能与之争"。也就是本文要表达的"儿时不竞争，长大才胜出"。

为什么要少让孩子参与"竞争"？

　　放下虚荣，就能减少消耗，节约生命成本；克服恐惧，就会降低贪婪，享受生活之从容。

早早地把孩子推入竞争的洪流，是对孩子的一种消耗，会削弱孩子内在的力量，让他变得羸弱无力。具体说有以下几方面损害。

第一种损害是会破坏孩子的合作能力。

　　我们知道，一个人的合作能力正是他的核心竞争力之一，合作能力的内涵是友善、诚实、宽容等，所以培养孩子的竞争力，首先要培养好品行，打下合作的基础。

　　可现在的情况是，当孩子开始上学时，他们对竞争的准备远较对合作的准备充足。几乎是从幼儿园开始，儿童的一切活动都是以竞争为目的，从早上比谁去得早，到中午比谁吃得快，几乎是一切都要比。哪怕玩耍，往往也不是以快乐为目的，而是以得名次为目的。

　　这种持续不断的竞争训练，使得孩子们很少有机会去学习合作，只是学会了比和争，学会了防范。比如很多成绩较好的中学生甚至不愿意给其他同学讲一道题，生怕别人学会了，把自己比下去。

更多的孩子在竞争中产生挫败感，首先不满意自己，产生自卑，然后不满意他人，敌视他人。

有位家长忧心忡忡地对我讲了这样一件事。他儿子所在班级的班主任每天给作业、考试、纪律等方面"表现好"的学生发放小红花，定期评比谁得小红花多，多的人受表扬，少的人挨批评。老师还要把这些情况通过手机短信发送给每个家长，这又大大地激起了大家的攀比心。而他的儿子总是得小红花太少，弄得他在别的家长面前抬不起头，就经常批评儿子。结果最近老师找他告状，说他儿子居然偷同学的小红花，还数次向老师打别的同学的小报告，尤其是得小红花数比他多的同学，明显是嫉妒这些同学。

英国教育家尼尔说过："所有的奖品、分数和考试都会妨碍正常性格的发展。"[1]社会心理学研究也证实，竞争是挫折的重要来源之一，痛苦和挫折常常引起敌意。所以，并不是这个孩子的品行出了问题，显然孩子是被一步步逼到这里的。

教育家杜威提出，**学校的首要职责应该是为儿童提供一个简化的环境，以排除社会环境中丑陋现象对儿童的影响。**[2]我们当下的现实却是，学校经常花样翻新地制造着评比，并不考虑这些评比设计的合理性。

例如有一所小学，分早中晚三次对孩子们进行评比，评比等级分为五级，从"最可爱的人"到"最不可爱的人"。想想看，一个孩子，很有可能从早上的"最不可爱的人"变成晚上"最可爱的人"，并且经常在各

1　[英]A.S.尼尔，《夏山学校》，王克难译，南海出版公司，2010年5月第2版，21页。

2　[美]杜威，《民主主义与教育》，王承绪译，人民教育出版社，2001年5月第2版，26—27页。

个级别间来来回回地变。

孩子还是那个孩子，评价却一会儿把他抬到天上，一会儿把他贬到地下。在这样的评价中，孩子的内心能不乱吗？他的道德能不被损坏吗？有的孩子学会了表演，有的自我认知被搞乱，有的变得满不在乎……如果孩子在童年时代没有机会发展诚实、友善和宽容，成年后，如何能要求他具有合作的品行？没有合作能力的人，竞争力又有几何呢？

第二种损害是会培养出病态的奋斗者。

有些孩子确实能被训练得很有"竞争意识"，从小表现出极度的争强好胜，但它的副作用也是显而易见的。这样的孩子早早停止自然人的发育，小脚穿大鞋地努力让自己适应各种社会标准。这种扭曲是以消灭天性为代价的，他被训练得在生活的各种选项中，会不假思索地弃绝内在的愿望，只以社会评价作为价值判断。

例如有位小学生，他为了不丢掉副班长的职务，每节课都坐得笔挺，蚊子落到胳膊上，都不肯去打一下，生怕给老师留下不好的印象，宁可让蚊子叮一个大包。这个孩子可能会得到老师的赏识，但这种反天性的行为肯定会在生命中留下硬伤，病灶不一定在什么地方暴露出来。

社会心理学研究发现，"自我活动能力是有限的。努力自我控制的人——强迫自己吃胡萝卜而不是巧克力，或压抑被禁止的思想——随后在遇到无解的难题时，会更快放弃。有意的自我控制会耗尽我们有限的意志力储备"。[1]

生活中我们会经常看到这样的人，即使他们在某些时段获得了世俗意义的成功，但紧张的精神始终处于险象环生的境地。比如有些过度"吃

---

1 [美]戴维·迈尔斯，《社会心理学》，侯玉波等译，2006年1月第1版，40页。

苦耐劳"的人，他们甚至把"苦"和"劳"当作生命意义本身，把生活中任何一丁点享乐都看作罪过。也有不少"成功人士"，我们发现他并不快乐，总是活在焦虑和紧张中，甚至有些人自杀了；或者有些人最终放弃了曾经最看重的名利，心态归零，生活方式发生巨大变化。生命似乎绕了远道，才进入正途。

社会心理学研究表明，一个极端的功利主义者和一个妄想中的精神病人，其心理机能是一样的，他们都无法和世界建立正常连接，以一种病态的方式存在着。

竞争的后果往往不是打败别人，而是击倒自己。这和哲学家弗洛姆的观点相印证：懒惰与过度的勤奋并不对立，它们是人的全面功能受到干扰的两种症状。在神经病患者中，我们常看到他的主要症状是没有工作能力；而在过度勤奋者身上，我们看到其主要症状是缺乏轻松的享乐和休息的能力。过度勤奋不是懒惰的对立面，而是它的补充。它们都是人内在的和谐遭到破坏的一个后果。[1]

第三种副作用是可能损害身体健康。

长久的、超过承受力的压力首先会在情绪上积淀毒素，影响做事效率和品质。而情绪上的毒素太多，又会影响到身体健康。

儿童正处于生理和心理的双重发育当中，太大的精神压力不仅影响到他们的心理，也会影响到其生理发育。已有研究发现，压力或睡眠不足会影响儿童脑垂体生长激素的分泌，影响孩子身高，也有可能表现在机体其他方面，比如患上皮肤病。

英国教育家尼尔有一个值得我们注意的发现，"我从未在一个快乐少

1　[美]弗洛姆，《为自己的人》，孙依依译，生活·读书·新知三联书店，1988年11月第1版，111页。

年的脸上发现过暗疮"。[1]哲学家弗洛姆也发现，我们的身体对幸福与不幸福的反应，统统比我们的意识对它的感受更明显。身体比心理更不易受蒙骗。[2]这和中国传统医学讲的"七情"对五脏六腑的理论也是吻合的。

亚当·斯密说过，人生中的不幸与失调的主要原因，是人们过度高估各种处境间的差别。贪心过度高估贫穷与富裕之间的差别，野心过度高估私人职位与公共职位间的差别，虚荣心过度高估默默无闻与声名远播间的差别……没错，有一些境状也许比其他境状更值得我们偏爱，但没有什么境状值得人们用太过激烈的方式去追求。如果不是出于审慎的态度，不顾正义法则，一个执意改变境状的人，等于是在玩所有危险游戏中最没有胜算的那种，并且把全部家当都押在几乎不可能赢的赌局上。[3]

现在很多人已察觉到社会竞争心理对孩子的伤害，希望还孩子一个童年，希望孩子愉快轻松地成长。但不少人只能在孩子尚小，尤其还没上学时会这样想。一旦孩子上了学，面对学校各种各样的奖励及排名，尤其是老师经常通过手机短信群发给家长们的信息——几乎都是各种评价的通报——很多人开始无法淡定了，不知不觉地提高了对孩子的要求，开始一边抱怨孩子压力太大，一边配合学校给孩子施压。理由是，现在教育就这样，不能不竞争，我们也没办法。有的人甚至搬出精子和卵子结合也是竞争的结果这样一个理论，来证明人类的竞争必须是从头开始的。

1 [英]A.S.尼尔，《夏山学校》，王克难译，南海出版公司，2010年5月第2版，283页。

2 [美]弗洛姆，《为自己的人》，孙依依译，生活·读书·新知三联书店，1988年11月第1版，171页。

3 [英]亚当·斯密，《道德情操论》，谢宗林译，中央编译出版社，2010年4月第1版，179页。

没错，生命的诞生固然是一场竞争的结果，一个精子为什么可以战胜几亿个精子捷足先登，并不是因为它有竞争意识，而是因为它强悍。它不需要在意别的小蝌蚪游得是否比它快，它只管自己尽情游，就成了赢家。

一个人想要在江湖上立足，必须先远离江湖，躲进深山，无打扰地修炼，练好内功，才有笑傲江湖的本钱。培养竞争力的奥秘正在这里。

我们在这里谈不要让孩子去竞争，可能会引起一些家长的反感。越是焦虑的家长越喜欢赶着孩子去竞争，他们会说："现在大环境就这样，不竞争，将来怎么能在社会上立足？"对于这样的质疑，道理在前面已说得很明白了。家长如果能用心去理解，自然会得到答案，心态自然会有所改变。想不明白的家长，根源还是不想审视自己，不想改变自己的执念。

真的很想提醒这些家长，不要抱怨大环境，先解决小环境的问题。孩子成长的小环境好了，大环境自然就好了。解除竞争压力，制度当然是一方面，更主要地还要靠意识来解决。成人自己要反思竞争的尺度和意义，成人淡定了，孩子才能淡定。

我认识一位电视台编导，她的儿子正上小学四年级。有一天她给我打电话，说她儿子今天放学回家告诉她，学校举办了奥数选拔赛，所有同学都参加，卷子上的题好难。她问儿子会做几道题，孩子轻松调皮地回答："一道都不会。"这句话不但没让她生气，反而隐隐地感到一种欣慰。她说，以前自己太计较孩子的考试成绩以及在学校的其他排名，这让她和孩子都感觉很累。她也一度简单地把这种困扰归咎于社会竞争、学校和老师。后来她慢慢意识到自己这种受害者心理很可笑，其实主要是自己的焦虑和虚荣心作怪。放下这些，孩子还是那个孩子，学校还是那个学校，许多问题都迎刃而解了。以前孩子考试不好的话根本不敢跟家长说，现在却能用如此坦然的口气告诉她"一道都不会"，她形容她当时的感觉，不亚于听到孩子说"全都会做"。

　　生活中最大的敌人不是任何具体的对手，是"虚荣"和"恐惧"。在本已险象环生的人生中，虚荣是一种自残行为。可以说，哪里有虚荣，哪里就有自我伤害。有些人命运不济，与其说是运气差，不如说是虚荣作梗。放下虚荣，就能减少消耗，节约生命成本；克服恐惧，就会降低贪婪，享受生活之从容。"不作风波于世上，自无冰炭到胸中"。

寄宿制是个坏制

保障儿童和父母在一起，应成为一项基本国策。

幼儿园和小学最不该寄宿，初中也不该，孩子到了高中阶段，寄宿制对他的负面影响会小很多，要不要寄宿，需综合各种条件来考虑，但仍然建议最好住在家里。

有些家长说，我知道上寄宿制幼儿园对孩子不好，但工作实在忙，没办法，只能全托。

忙是个事实，孩子幼小的时候，往往正是父母开始打拼的时候，但这不应该成为天天不见孩子的理由。年轻时，谁不忙呢？

"想做一件事总有理由，不想做一件事总有借口"，再忙也要回家吧，哪怕每天只有半个小时和孩子相处，或者几分钟，它都是有意义的。只要父子间常听到对方的声音，母子间常闻到彼此的气味，家中就会形成甜蜜的气场，这种气场包围着孩子，让他内心安全而滋润。

时间是最有弹性的东西，挤一挤就出来了。可加可不加的班，坚决不加；新上映的大片，不看；朋友邀约吃饭，尽量少去；屋子很乱，让它乱去吧；睡眠不足，真的很累，累就累点吧，反正年轻……天下没有因为带孩子累着的，何况大多数人有老人帮忙，有保姆帮忙。也就几年的时间，孩子越大越好带。这几年的"损失"，会在以后的日子中以某种方式加倍地补偿回来。

我曾在一本书上看到这样一段话，说得非常好：孩子过早离开父母"独立"生活，会对其心灵造成一生难以弥补的创伤。这创伤程度，等同于成年人失去亲人时所经历的哀痛。事实上，全托的唯一好处是解脱父母，使其不必承担每天照顾孩子的辛劳。全托不是基于孩子的需要，而是满足家长的需要，是把家长的利益置于孩子的利益之上，是一种极端自私的选择。这些家长，他们没有一个是真正蹲下身，从孩子的视角看这个问题。[1]这段话对一些父母有严厉的批评，但我认为它说得非常中肯，是一剂苦口良药，令人警醒。

杂七杂八的信息越来越多，如何让自己活得智慧，如何在儿童教育问题上不迷糊，其实有时不需要学富五车，只要让心态回归自然、回归常识就可以了。

想想我们的爷爷、爸爸甚至我们自己是如何长大的、如何学会和人相处的，就知道上寄宿制幼儿园并不是培养孩子合作和自理能力的必需之地，充其量只是个借口而已。

寄宿制幼儿园非但不能让孩子更好地学会和他人相处，学会自立，反而更削弱了孩子在这些方面的潜能。当一个孩子在亲情体验方面非常欠缺时，他只能出于紧张更多地索取爱，而不是学会施爱与他人；当他在幼儿园或学校统一管理下只知道服从时，他只能学会自我压抑，失去个性，而不能学会合作与体谅。

---

1 小巫，《让孩子做主》，民主与建设出版社，2008 年 8 月第 2 版，185—187 页。

现在还有一种情况是，一些年轻家长，他们自身有良好的教育理念，但由于工作忙，没有太多的时间和孩子相处，孩子交给老人带，老人们又过度包办或娇纵，使孩子出现很多问题。这种情况下，有的家长会把孩子送幼儿园全托，以减少在教育观念上和老人的冲突。这种情况下当然是可以选择全托的。两害相权取其轻，华山一条道，只能这样走了。但说到底，这只是不得已而为之的选择，只要有办法不这样选，就还是不选吧。

当家庭生活中有一个问题需要解决时，不能以牺牲儿童利益为代价；而且，指望借助一个客观外力来成全教育结果，是下下策。改变一个成年人，尤其是老人错误的做法，确实比多交点钱送孩子上全托难得多。这只能靠家长自己慢慢想办法解决，努力协调和老人的关系，慢慢用科学教育思想去影响老人，或想别的办法。不论想什么办法，有一个基本原则，不把难题交给孩子去扛，他们实在太弱小了。

不上寄宿制幼儿园，到了上小学是否就可以寄宿呢？

我认为孩子在读大学前都不应该寄宿。当然，这种否定程度是随年龄增长而递减的。幼儿园和小学最不该寄宿，初中也不该，孩子到了高中阶段，寄宿制对他的负面影响会小很多，要不要寄宿，需综合各种条件来考虑，但仍然建议最好住在家里。

我女儿圆圆上初中时就读的是一所寄宿制学校，当时选择这所学校，一方面是客观条件下的无奈，更主要的是我们自己作为家长对住宿存在的问题认识不清。把一个年仅十岁的孩子抛到学校，一周才见一面，现在想来真是后悔。它的不良影响是显而易见的，尽管我女儿是个可以主动化解问题的孩子，可那三年是我在教育上感觉最力不从心、自己做得最糟糕且我女儿状态最不佳的三年。

孩子成长中会发生许多大大小小的事情，如果他天天能见到父母，那么他有什么问题、有什么想法，就可以及时被父母察觉，能和父母沟通，至少能在情感上得到及时的修复。不要指望孩子能把一个问题放一个星期，然后周末给你带回来，对一些具体的事他们往往过后就忘了。事情虽然忘了，但由事情引起的思想问题却会积攒起来，积攒得太多了，就会影响孩子的心理健康。

圆圆初中三年的寄宿生活，至今仍给她留下一些负面的东西，这些负面的东西很隐蔽，影响很久，"排毒"需要很多年。每次和圆圆聊起来那三年的生活，我都内疚万分，心有刺痛。所幸她高中没再寄宿，状态一天比一天好，寄宿的负面影响才逐渐淡化。

所以，遇到有家长问我是否应该为了择"重点校"而让孩子去寄宿，我总是回答，哪怕上一个条件差些的学校，一定要让孩子天天回家。为择"重点校"而去寄宿，是非常不合算的一件事，表面上暂时能获得一些东西，但从长远看，是捡了芝麻丢了西瓜。

苏联教育家苏霍姆林斯基说过："最好的寄宿学校也不能代替母亲。"[1]不过，这个观点在当下还是不能为大多数家长接受，甚至有时也不能被孩子接受。成人世界的价值取向已深刻地影响了孩子，甚至改变了儿童的天性。

我见过一个孩子，在小学阶段因故和妈妈分开几年，不在一个城市生活，到上初中时，本来有条件和妈妈一起生活，但为了上一所省级重点校，孩子再次选择寄宿。当我看着小小的他和妈妈在一起时的缠绵，以及眼神中时时流露的忧郁和紧张时，对这孩子说，还是选择一所在妈妈身边的普通学校吧，能天天见到妈妈比上重点校重要。孩子很不满意我这样说，坚定地摇摇头，不，上重点校重要！

不仅是观念，当下政策造成的"寄宿制"问题也非常严重。

1　[苏]苏霍姆林斯基，《爱情的教育》，世敏、寒薇译，教育科学出版社，2001年4月第2版，133页。

我国从 2001 年开始，为消除"教育不公平"，投入巨资在农村搞"撤点并校"工程，即把一些散落在各自然村或乡镇的中小学校，甚至幼儿园合并到一些规模较大的乡镇学校中。不知此项决策是如何出台的，经过了怎样的论证。其做法上的简单粗暴，和当年罗马尼亚建设儿童教养院的做法（见本书《寄宿制稀释了亲子关系中爱的成分》）思路类似。结果是，十多年间，几百万农村儿童早早开始过上寄宿制生活，乡村学校数目锐减。虽然最初目的是让农村的孩子接受更好的教育，但它并未像设想的那样成功，除了家庭经济成本增加，乡村自然文化被进一步破坏，最严重的是许多儿童出现心理健康问题，厌学、辍学、校园霸凌等情况不但没有减少，反而增多。

一个孩子，他住在只有十几户人家的一个村子，学校没有操场和电脑室，为了让他能获得"公平的教育"，就把他简陋的学校取缔，把他和同学们转移到很远处的另一所小学上学，一周或一个月才见父母一次。新学校为孩子提供了操场、篮球架、电脑等种种可见的硬件，却夺走了他享受母爱和家庭生活的基本需求。这样对"公平"的追求，是不是制造了更大的不公平？

从近年来一些乡镇读者给我的来信看，这样的"撤点并校"到十年以后的今天并未完全结束，由于没有学界正式的总结，也没有政府层面的表态，很多地方仍然在进行撤并之事。这种情况，我认为除了教育主管部门的行政懒惰，更重要原因是社会上下都没有认识到孩子和母亲相处的重要性，没认识到寄宿制是个坏制。

孩子不是无知无觉、没有感情的土豆，可以随意集中，装筐装袋地归类存放。保障儿童和父母在一起，应成为一项基本国策。一切涉及儿童利益的社会问题都应在不影响儿童身心健康成长的前提下去解决。

曾有人拿出著名的英国伊顿公学来证明寄宿制是好制。

实际情况是这样的：第一，伊顿公学是一所男校，不招太小的孩子，一般学生年龄在 13—18 岁，已相对成熟；第二，学校的办学思想比较先进，教师素质比较高；第三，学校在录取方面有较高的条件，进入这样学校的学生本身素质就比较好，并且学校也能给学生带来极大的荣誉感和成就感。正是这种种条件，才成全了它的美名。但它在英国也是不可复制的，正如一顶王冠，搜罗了全国的顶级珍珠宝石做成，不具有可复制性。所以它只能当一个特例来看，没有代表性。

英国经济学家亚当·斯密反对让孩子上寄宿制学校，他认为孩子长时间和父母分离会使家庭伦常和家庭幸福遭到最根本的破坏。任何东西，都不可能弥补寄宿制生活给孩子带来的伤害。他说，家庭教育是自然之神设置的，完整的家庭教育才是培养智慧的途径。[1]

要培养一个出色的孩子，父母必须有这样的意识和自信：父母是最好的老师，亲情是最好的营养品，餐桌是最好的课桌，家是最出色的学校。

现在还有一种"小留学生现象"，它是"寄宿制"的变种。家长把刚上初中甚至刚上小学的孩子送出国去学习，孩子的监护人由父母变成亲戚或朋友。固然监护人基本上都是值得信赖的人，会用心照顾孩子。但在未来，在孩子和父母共同的回忆中，到底缺失了多少东西呢？就孩子整个生命的成长来说，这样是利大于弊还是弊大于利呢？

一只母鸡不会把小鸡托付给别的母鸡照料，一头母猪也不会把任何一头小猪托付给别的母猪。动物都知道这一点，人却经常在这个问题上犯糊涂。作为现代人，在儿童养育问题上应该时时回归自然，在任何一个茫然不知所措的时刻，想想自然告诉了我们什么，答案也许就出来了。

1 [英]亚当·斯密，《道德情操论》，谢宗林译，中央编译出版社，2010 年 4 月第 1 版，279 页。

寄宿制稀释了亲子关系中爱的成分

寄宿制下长大的孩子，是半个孤儿院儿童。

有一次，我到某电视台录制节目，话题是孩子上寄宿制幼儿园好不好。

现场请了另外两位年轻母亲，她们分别代表赞成派和反对派。赞成"寄宿制"的，认为这样可以培养孩子的自理能力和集体意识。反对的，认为幼儿园缺少家庭的温暖，家长和孩子交流的时间太少，不利于孩子的情感培养及智力发展。两位母亲的观点很有代表性，我的观点很明确，支持后者。

前者所谓的"培养自理能力和集体意识"——且不说这样的目标本身很自私很伪善，推论也很浅薄——把孩子和父母隔绝开来，就可以锻炼出很强的自理能力；把孩子早早送入集体生活，他就可以有很好的集体意识、善于和人合作——按照这样的逻辑，孤儿院的孩子受到的早期教育应该是最好的。

事实当然不是这样。

孤儿院的孩子从小过着集体生活，儿童期的自理能力可能确实比一般孩子强，但大多数人成年后的面貌并不出色。事实是在孤儿院长大的孩子大部分有较重的心理问题，自我意识和合作意识往往停留在较低水平层面——这样说不是贬低这些孩子，只是陈述一种客观事实——不是他们天赋不好，也不是保育员的工作不尽责，是命运不公，剥夺了他们早年的正常家庭生活和父母之爱。他们从小缺少家庭氛围中温情的滋养，缺少和亲人的情感及语言交流，生命起始阶段性出现畸形，以至于成年后在心理及能力方面表现出永久的缺陷。

罗马尼亚曾在这方面犯过一个致命错误。

第二次世界大战后，罗马尼亚陷入经济困顿、人口锐减的状态。政府鼓励生育，规定每个育龄妇女至少要生四个孩子，如果家庭无力承担这么多孩子的抚养责任，可以送孩子到政府出资建设的国家教养院，由工作人员进行集体抚养。该政策出台后，先后有六万多名婴儿一出生就被送进教养院，进行批量抚养。结果，这些孩子不但没能成为国家的人口力量，反而成了社会累赘。他们成年后，几乎都出现身心异常。大多数人智力低下，情感发育不良，不会和人交流，自闭，无法形成对视和对话，独自坐在角落，不停地前后摇晃或不断重复某种刻板行为，对陌生人没有恐惧感，也没有沟通能力——这种情况，我们可以称之为"孤儿院现象"。后来，其中一部分孩子被送到美国底特律儿童医院做大脑断层扫描，结果发现他们大脑的海马体和杏仁核等多部位都不正常。

脑神经科学已证实，早期情感发育不良，会直接损害大脑的正常发育，使其结构异常，造成无法逆转的病理性改变。

早年情感滋养对一个有思维的生命到底有多重要，美国一位心理学家曾用猕猴做过一个著名的心理实验。

他把一些幼小的猕猴和母亲隔离开来，在小猴子的笼子里安装了两个"假妈妈"。其中一个妈妈用硬邦邦的钢丝做成，但胸口上有奶瓶，另一个妈妈用绵软的绒布包裹，但没有奶水。按照人们"有奶就是娘"的常理推断，小猴子应该和有奶的"钢丝妈妈"更亲近。事实则不然，小猴子只是在饿了的时候才靠近钢丝做的妈妈，一吃完奶，就回到了绒布妈妈这里。这个细节，可以让我们看到婴幼儿内心本能的向往和恐惧，他们对温暖的依恋和需求甚至超越了食物。

这个实验到这里还没有完结，到这些猕猴成年后，基本上都表现出各种各样的心理障碍。实验人员把它们和另外一些吃母乳、在母亲怀抱正常长大的猕猴放在一起后，发现这些从小没得到正常母爱的猕猴不能正常融入集体生活中，它们大多数性情冷漠，不会交配或拒绝交配。扫描它们的大脑发现，其皮质神经元连接稀疏，不但心理方面问题严重，走路也蹒跚不稳，甚至连叫声都不正常，只能处在猴子社会阶层的最下端。

再往后，实验人员通过人工办法让这些有心理创伤的母猴怀孕，待小猕猴出生后，这些母猴对小猴冷漠而无情，残忍地虐待小猕猴，有的甚至咬死了自己的孩子。动物身上的天然的母性在它们身上几乎看不到。

猕猴和人的基因有 94% 是相似的，它们身上反映的正是人类最初始的情感状态，所以"孤儿院现象"在它们身上也体现得很典型。

孩子刚出生时也只是个"小动物"，是个纯粹的自然人。要成长为一个社会人，必须依循成长秩序渐次展开，宛如一粒种子必须依生根、发芽、开花、结果的过程成长一样。**温暖的怀抱、慈爱的眼神、温柔的话语、肌肤相亲，是一个有智力的生命能正常成长的不可或缺的条件。**

但古今中外在教育问题上总是发生着太多反自然反天性的事。成人总是一再地无视儿童的自然需求，不断把某种基于社会需求的设计强加到孩子头上。

当下，这种情况更严重，科学技术的发展并没有让人们的儿童观同步进步，反而在某种程度上变得更加落后，各种利益算计形成一股巨大的对儿童的碾压之力。人们无论嘴上如何说要尊重儿童，在面对儿童的一些事宜时，更多的是进行商业的、政治的或某种功利的考量，很少去顾及儿童作为一个"人"的自然属性和自然需求。

在孩子幼年时期就急于去发展他的社会属性，要他为了满足成人的需求而沦为工具性的存在，早早减少他和父母相处的时间，这是典型的拔苗助长。

一个人，如果他原始的、自然的需求得不到满足，那么社会属性也难正常成长、无法正常表达。那些早早被抛入社会生活中的孩子，很容易最终沦落为社会底层。

我在一个周末聚餐时遇到一对事业有成的父母，他们的儿子当时五岁。两年前，即孩子三周岁时被送进北京市非常有名的一家幼儿园。那家幼儿园软硬件都很好，收的大多是国家机关或演艺界明星的孩子，一般人很难把孩子送进去。这对父母事业做得风生水起，中年得子，因为工作都比较忙，就给孩子办了全托，一周接一次或两周接一次。他们看起来对幼儿园非常满意，说孩子住在幼儿园比住在家里强，孩子自己会洗袜子内裤、睡觉起床都很自觉等。

孩子看起来很聪慧、非常乖，坐在妈妈旁边默默地吃着饭。妈妈不时地往他碗里夹菜。正当大家觥筹交错、酒酣耳热之际，小男孩突然哇一声大哭起来。众人忙问怎么了，妈妈也是一脸莫名其妙，赶快抱住孩子问出了什么事。男孩子哭得说不出话来，十分伤心的样子。妈妈哄了几句，看孩子哭得停不下来，就带着孩子走出包间，爸爸也跟着出去。过了一会儿，听到孩子哭声平息，爸爸进来，有些内疚地笑着解释说没什么事，是孩子一直想吃腰果炒虾仁中的腰果，而妈妈每次在盘子转过来时，总是给他夹个虾仁，他认为妈妈故意不让他吃腰果，就大哭起来。

众人听了，松口气笑了，觉得小家伙太矫情。待妈妈领着男孩回到包间后，大家赶快安慰男孩，让他在叔叔阿姨面前不要拘束，想吃什么自己去取。妈妈也一再地说，你想吃什么跟妈妈说啊，你不说妈妈怎么知道呢，或者你自己去夹，没关系，这些叔叔阿姨都是妈妈爸爸的好朋友，你不用害怕。

众人的话似乎对男孩子没什么用，男孩还是沉默不语，轻轻抽噎着，不动筷子，眼睛里充满委屈与忧伤。

那天一起吃饭的还另有两个小朋友，都是五六岁的样子，这两个小朋友一会儿就混熟了，只在饭桌上吃了一小会儿，就跑到旁边的沙发上玩去了。这位家长建议儿子也去和小朋友玩，但小男孩表示出拒绝，就那样一脸不快地坐了一会儿后，爬到妈妈怀里，搂着妈妈的脖子和妈妈缠绵，过一会儿爬到爸爸怀里和爸爸缠绵，看起来十分忧郁又烦躁，没再吃饭，不说话，也始终不肯下去和小朋友去玩。

看得出，孩子内心有强烈的委屈感和不安全感。

儿童和父母感情的建立，仅有血缘还不够，必须要有相处时间的长度和频次，孩子越小，对父母之爱的要求越多，对相处时间和频次也就要求越多，这是儿童获取安全感的必需。

再好的幼儿园或学校都比不上有温度的家庭。长期寄宿的孩子，潜意识中既害怕被父母抛弃，又对父母有怨恨，所以经常会表现出委屈、拒绝、过度缠绵和不可理喻。**孩子首先要获得温饱、安全感、爱和亲情等这些自然需求，然后才能发展出更高一级的自律、合作、利他等意识和能力。**家庭的温暖，尤其母爱，是一个儿童成长必不可少的心理营养品。

一个孩子真正属于父母的时间只有十几年，到孩子十八岁，成人了，他不仅从心理上要自立，从空间上也要和父母分开了。如果不珍惜早期

和孩子相处的时间长度，其实就是错过了生命中许多最美妙的时刻。

事实上，寄宿制造成的情感疏离，不仅仅发生在孩子心里，也发生在父母心里。父母和孩子缺少相处的长度和频次，彼此间的情感联结就会比较稀疏，爱的浓度和质量就不会高。虽然这个孩子是你在世界上最爱的孩子，但并不意味着你们的沟通和了解是最好的。

许多父母不能够很好地理解孩子，不能很好地与孩子沟通，这与他们在孩子小时候和孩子相处机会少，建立的感情联结比较稀疏有关。寄宿制稀释了亲子关系中爱的成分，寄宿制下长大的孩子，是半个孤儿院儿童。

发现孩子偷钱怎么办？

　　一个人之所以会"小时偷针，长大偷金"，多半是因为偶尔的过失被错误处理，被负面定义所致。

　　就像我们说的孩子天生不爱说谎一样，孩子也天生不爱偷东西。

　　孩子偷钱百分百是后天原因所致。即他小小年龄已得出一个经验：钱无法通过正常途径获得，只能用非正常手段得到。他有这样的经验，根子还在家长那里。

　　所以如果发现孩子偷钱，第一反应不应该是生气、失望，而要想想孩子为什么会这样做，家长自己哪里没做好。

　　比如有些家长习惯性地对孩子的花费刻薄，给孩子花销时总是不痛快。当孩子想要买点什么东西时，本能地知道父母是不会同意的，需求提出来，不光被拒绝，甚至还会遭到鄙视和训斥。这种经验如果一再重复，孩子就不敢再向家长要钱。但他内心对某种东西的需求愿望是不会消失的，有时为了能简单地实现自己的愿望，就会偷偷拿家长的钱。这和他偷偷多吃一块糖或打碎一个东西而不告诉家长一样，是孩子的自保手段。

　　还有些家长自身金钱观不健康，把钱看成洪水猛兽，为了防止孩子乱花钱，从不给孩子零花钱，仿佛钱是病毒，不能让孩子沾染。他们会说，孩子需要什么，跟家长说就行了，需要买的，自然会给他买，不需要的当然不能满足——这个规定看起来碗大汤宽没问题，但"合理"或"不合理"是家长来判断的，它经常不是孩子的想法。依家长的合理不合理来决定取舍，对孩子而言就是不合理。

　　而且孩子有时会有些属于自己的小秘密，不想跟你说，比如某个同学，尤其是异性同学过生日，孩子想送一个小礼物，如果他手里有一些零花钱，就不会为难，否则孩子可能会以撒谎的形式来讨要。

　　当然，也有可能是其他一些原因，但不管出于什么原因，家长都不要把孩子"偷"钱看成多么严重的事。一定要处理得当，相信这只是孩子成长过程中的一个小事件、小失误，是家长和孩子都可以学到一些东西的好契机。

　　如何预防这类事情发生？除了要给足孩子零花钱，让孩子有合理的能自由支配的钱以外，还要做到下面几点。

　　首先要信任孩子。

　　平时尽量让孩子有足够的零花钱。零花钱不够，需要额外的一些钱时，信任他，痛痛快快给孩子转账，不多问什么。不要猜疑他是不是在乱要钱，是不是要多了等等。如果是给现金，最好放心地让孩子自己到抽屉或父母的钱包里取出需要的钱数，不要检查，也不要用狐疑的眼光打量孩子是否偷偷多拿了钱。

　　信任本身就是一种道德教育，被信任的孩子自然会发展出诚信的品质。诚实是本性，说谎是技巧，如果依本性能解决问题，人们都不愿意再动用技巧去解决。

　　对孩子的开销控制太严，显而易见的潜台词是不信任孩子。信任不会让孩子变坏，相反，家长越不信任孩子，对钱看管得越紧，孩子越容易找机会偷钱。如果你的孩子之所以没偷钱，仅仅是因为你把钱看管得紧，不让他有机会拿到，你在孩子的品格教育上已误入歧途，他不出事，全靠运气。

控制不是教育，是反教育。在任何事上，只要有控制，就有反控制。所以如果我们希望培养孩子良好的品行，就不能通过控制的手段去实现，必须在给予自由的基础上实现。所以，要避免孩子在花钱方面养成偷摸的坏习惯，就一定要好好爱他，给他相应的自由。

一个被真诚地爱着、被满足着的孩子不会有匮乏感，不会有小家子气，也不会挥霍无度。父母如果能给孩子亮出家底，孩子自然知道该花多少，不会出现挥霍无度的情况。

如果孩子年龄已比较大，上中学或大学了，经常提出和父母收入不匹配的消费要求，并且不依不饶，这应该是成长中某些创伤导致的后果。"乱花钱"只是亲子关系不良的一个显化，深层原因是孩子内心空虚且不自信。父母不要抱怨孩子不懂事、不体谅，而应该反思自己过去做得如何，以后如何和孩子建立良性互动关系。

其次，家庭收入要对孩子透明。

要把孩子看成家庭中重要成员，他对家庭事务有知情权。坦然地让孩子知道家中的财务状况，包括具体的银行存款数额，或者是欠债、贷款数额。如果孩子比较小，注意提醒孩子，家庭财产数额是隐私，不可以讲给外人。孩子往往乐于和父母共同知道一桩自家的"秘密"，这样他有主人公感觉，觉得被尊重。

无论如何，切不可用谎言来欺骗孩子。我认识一位家长，她丈夫收入较高，在大家平均月薪三千元的年代，她丈夫月薪一万元，是普通人的三倍。但她为了防止孩子乱花钱，就对孩子说爸爸每月只赚三千元。

本来房贷都还完了，却对孩子说还有二十多万元的房贷，总是把自家的经济情况形容得差一些。这样的谎话说得再天衣无缝，孩子也能慢慢察觉出来。所以她的孩子好像特别不懂事，从上小学开始就乱花钱，为了要到钱就说谎，上大学后更变本加厉。

这位家长没有意识到，她越是给孩子做出穷兮兮的样子，越是在钱上克扣孩子，孩子内在的匮乏感、自卑感越重。倘若一个孩子是被信任的，能够时时感受到父母之爱，没有心理匮乏，在消费上就是明智的，就不会走极端。只有那些童年时在金钱方面极度匮乏，尤其是被人为搞匮乏的孩子，成年后才会在金钱方面失衡，过分吝啬或过分贪婪，缺少平常心。

再次是即使孩子偷偷拿了钱，也不定性这是"偷"。

家长最错误的做法是，发现孩子偷钱，立即定性为"偷"，把孩子打骂一顿，鄙视，警告，并开始像监督小偷一样监督孩子。一旦发现又有偷钱行为，不但暴打，而且去学校告诉老师，让老师做工作，或是吓唬孩子，要把他交到警察那里……这样折腾下来，孩子离真正的小偷身份就越来越近了。

一个人之所以会"小时偷针，长大偷金"，基本上都是因为偶尔的过失被错误处理、被负面定义所致。

家长自己如果没有偷窃的爱好，就完全不用担心孩子天性中会有这些问题。孩子"偷钱"的事发生了，要检讨自己哪里做得不好，赶快修正。只要父母不打骂和羞辱孩子，正常地告诉孩子以后需要钱和父母要，而且说到做到，孩子都会立即让这个问题消失。

其实，很多孩子小时候都有过偷偷拿家长钱的经历，如果家长给孩子的教育是正常的，孩子的心理发育是正常的，即使这些"坏行为"没有被家长发现，也会慢慢自愈。

没有人天生是堕落的，只有环境一直在营造一个小偷，一个人才会最终成为小偷。严厉和羞辱是万恶之源，每个堕落的孩子背后都有这样处理问题的家长。

有些经济条件不错的人家，孩子貌似含着金汤匙出生，但由于父母在金钱方面控制严格，日常管理又比较严厉，对孩子经常批评指责，孩子内心匮乏，也有可能出现偷窃的毛病。人们对此非常奇怪，不明白这些孩子怎么了，家里不缺钱呀。其实，这些孩子的问题和所有出现同类问题的孩子，他们虽然家境不同，坏毛病的根源却是一个，即他们都缺爱，同时在钱上又被过度控制。

家长如果看不清楚事情的来龙去脉，就会更加严厉地从钱上控制孩子，让孩子的内心更加扭曲。

同时，我们看到，有些人家的经济条件确实不好，但如果父母爱孩子、尊重孩子，从不欺骗孩子，尽自己的能力满足孩子，孩子纵使有物质方面的欠缺，却没有内心的匮乏，也照样活得阳光而健康。

总之，发现孩子偷偷拿钱，第一件要做的事不是训斥孩子，而要从这件事上看到孩子的可怜和无奈。要反思自己哪里做错了，怎么改善。要心平气和地和孩子谈这件事，在钱的使用上和孩子达成共识，满足孩子的花销需求，让孩子敢于随时向家长提出而不需要担心受到家长的训斥。

最后，有一种特别的情况提醒家长注意。如果你的孩子，尤其是男孩子，平时在花钱方面很正常，某个阶段突然不停地找各种理由向家长要钱，甚至偷钱，而他的钱花到哪里又十分可疑，这种情况，很可能是他结交了坏朋友或遭遇到霸凌、勒索。这种情况在那些性格懦弱的孩子身上更容易发生。

家长要细心观察，不要简单粗暴地处理问题，以免孩子遇到困难不敢跟父母说，独自承受痛苦。这已不是财富观的问题，而是涉及孩子被霸凌的问题，这个话题在别的文章中有专门讨论。

拜金和吝啬都是畸形的金钱观

如何对待金钱，往往是一个人如何对待人生的外显。最重要的理财教育，不是教孩子如何用一元钱赚到十元钱，而是让他们知道，钱的本质是什么，钱在生活中的地位应该是什么，我们对钱应该持有什么态度。

不要用钱去奖励孩子

孩子身上一切应该培养的好品格都不可以用钱去购买，凡能用钱买到的，都不叫教育，都是暂时的成果，无法内化为孩子自己的品格和习惯。

比如有的家长用钱来刺激孩子的学习，孩子考好了就用钱奖励，或是规定考到多少分给多少钱。这些做法从短时期来看可能有效，从长远的培养目标来看，只能造成消解。

曾在网上看到一则消息，一位母亲为促使其上小学的孩子好好学习，按成绩划定了奖金标准，考得越高奖得越多，所以孩子写了篇文章《搞好学习是我的生财之道》。当时很多媒体和个人都表达了对这位家长的赞赏，却没有看到其中的隐患。假如这种做法一直持续下去，恐怕孩子的学习动力会越来越弱，生财之道会越走越窄，不但学习成绩搞不上去，整个的价值观也会遭到扭曲。

家长如果认为花钱可以买到孩子的劳动好品格、学习好习惯，动不动就把孩子的行为和金钱奖惩挂钩，你最直接的诉求就是：钱是万能的。那么孩子就会接受这个观念，他以后就可能花钱买友谊，花钱买事业，花钱买爱情……那么他在未来很可能会把一切关系都处理成金钱关系。

钱是能量，不是物质。培养孩子赚钱的能力，应该着力于培养他对创造的热情和对劳动的热爱，而不是只着眼于赚钱本身。

媒体上看到千万富豪搞大型征婚活动，有五万女子应征。想象那场面也许热闹，但征婚者和应征者的财富高度及精神高度都已经大约标出来了。什么是爱情，什么是品位，什么是自尊，这些值得每个人想一下，也值得家长和孩子探讨。

严重的拜金是一种不幸，一个人的内心给了金钱太多的位置，就没有容纳幸福和高贵的余地了。

拜金可能让一个人拥有更多的钱，但不会让他幸福感更多。即使某些时段得到超出一般人的更多的"金"，也不会走得更远，到头来往往一场空。

事实上没有一位家长会故意教自己的孩子拜金，但在具体的教育中，却并非人人都有这样的警惕。

我听到一位有钱的家长这样教训他的孩子："别人家的孩子能跟你比吗？他们有钱出国旅游吗？有钱买这么多书吗？你爸你妈有能力让你读万卷书行万里路，你却不珍惜！"他表面上在教育孩子，语气中却充满了对财富的崇拜和沾沾自喜。这样的思想工作，不可能让孩子学会读万卷书行万里路，只能让孩子学会用钱去衡量一切。

许多教育上的失误，常常来源于家长的无心之过。拜金教育并非全发生在"富家长"身上，也同样会发生在"穷家长"身上。在后一种家长身上，最容易发生反向拜金的情况，就是过分强调节俭。

浪费从古至今都是坏习惯，任何时候都应该教育孩子懂得节俭。但凡事过犹不及，家长如果用节俭来消解一切开销的价值和意义，无意中也是把钱奉为圣物，这也会导致孩子形成反向拜金心理——吝啬鬼心理。

有一位妈妈，出生在农村，从小知道生活的艰辛，自己平时很节俭，从不买华而不实的东西。她有一个九岁的儿子，在妈妈过生日这天，孩子想到妈妈从来没有收到过别人送的花，想给妈妈一个惊喜，就花几元自己的零花钱，给妈妈买了三朵康乃馨。当孩子把花送到妈妈面前时，没想到妈妈的第一反应不是高兴。她对孩子说：你给妈妈买礼物我很高兴，可是我们以前说过的，你花钱需要提前跟爸爸妈妈说，而今天你却没有告诉我们。再说，妈妈觉得买花不太实惠，它很快就会枯萎，你要是送些其他的给我，我也一样会喜欢的。

孩子一下子哭了，他说："妈妈，我是想给你一个惊喜，所以不能提前跟你商量。虽然花会枯萎，可是心里会记下这个快乐的。"这位家长事后感到很不安，她隐约觉得自己做得不对，不该有那样一种反应。她来向我询问，还是担心如果自己纵容孩子买这些华而不实的东西，孩子会不会慢慢学会乱花钱，以后是不是会形成一种攀比心理？

我的答案是：不会的，只要家长不乱花钱，没有攀比心，孩子就不会形成这样的心理。

我更想对这位家长说的是，这世上有比钱更值钱的东西。孩子说得多好，"虽然花会枯萎，可是心里会记下这个快乐的"。一味地节俭，培养出一个毫无情趣的守财奴，这是你希望的结果吗？

获得经济上的安全感后，贫穷与富有就是一种心态了。那些因贪污进监狱的官员、抢劫者，还有炒股跳楼的等等，所有栽倒在金钱上的人，骨子里都是极端的拜金者。他们似乎很爱钱，却在金钱面前特别糊涂，不知钱是什么，可以用来干什么。他们把钱当成终极目的，钱也就终结了他们。这些悲剧，和他们从小受到的有关财富的教育一定是有关系的。

很多家长都在鼓励孩子做家务赚钱，甚至从来不给孩子一点零花钱，所有的零花钱都要孩子通过做家务赚出来，但如果孩子到外面赚了别人的钱，有的家长就会非常不安。有位父亲讲了他九岁的儿子仔仔这样一件事。

仔仔学校组织同学们远足，两位女生走得很累，想找人替她们背书包，就问仔仔愿不愿意替她们背，两个书包共付他五元钱。仔仔想赚这个钱，但觉得五元钱太少，讨价还价，要每个五元钱，商量后成交。仔仔就接过两个书包，一共背三个书包走了约四公里，赚到十元钱。晚上回家后，仔仔兴冲冲地对爸爸说："我今天挣钱了！"这位父亲为此有些不安，觉得孩子不应该赚同学的钱，但又不知如何跟孩子讲。

遇到这类事情，家长一定要把事情放到具体的情境中去考虑，不要简单地判定好或不好。就这件事，我认为没什么不好。书包是女同学主动要求他帮忙背的，孩子通过正常谈判，做了一桩公平交易，每个人有付出有得到，各得其乐。这是孩子们间的一桩正常交易，是他们社会化进程中一次小小的尝试。其性质，和我们自己没时间或不愿意收拾屋子，请个小时工来做家务是一样的。

假如是小男孩主动要求给女孩背书包，并提出收费要求，或是女孩要求男孩子帮忙而并没有说要付钱，男孩却提出收费，有钱才帮忙，这是不对的，家长应教导孩子要以助人为乐，不要以赚钱为乐。

助人为乐的好品德和赚钱一点都不矛盾，企业实际上是世上最大的慈善机构。最杰出的企业家都有强烈的社会服务意识，客观上都在助人为乐。不需要担心孩子以后会事事以金钱为尺度去做人，如果家长自身有助人为乐的好品质，孩子也会慢慢学习到，不会唯利是图。

教育就在细节中，家长面对孩子时，思维要细腻，一定要具体问题具体分析，既不委屈孩子，又要让孩子学会面对一件事时如何思考和判断。

培养一个友爱而不自私、有赚钱能力却不拜金的孩子，这是一种完整的人格教育，主要教材是家长。如果家长知道哪些钱该赚，哪些钱不该赚，且乐于助人、不见钱眼开，孩子也不会成为那样的人。

杰出的商业头脑和良好的品行并不冲突，穷困潦倒者并不见得高尚。让孩子学会光明正大地赚钱，健康得体地花钱，就是好的。

家长想要给孩子灌输正确的财富观，就要先整理好自己的财富逻辑。从古到今，爱情和金钱是最令人纠结的两样东西，是天使也是魔鬼，是至爱也是最恨。所以围绕这两件事产生了许多逻辑困境。

比如有的人在外面聊天时大骂有钱人，回家进门第一件事，是给案上供奉的财神烧一炷香，求神仙让自己发财。

有一次我在商场一个卖运动鞋的地方坐下来歇脚，遇到一位妈妈和孩子也来这里买鞋。孩子大约十三四岁，他看好一双名牌运动鞋，很想买的样子。妈妈口气有些不悦地问孩子："这么贵，你想买吗？"肯定是妈妈的口气把孩子吓住了，孩子犹疑一下，说太贵了，不买了，把鞋放回去。妈妈立即表现出满意的神情，对孩子说："你知道贵就行，那我就给你买！"可以想象，孩子穿上这双鞋子的感觉是什么。

人们在潜意识中既过分高估钱的地位和影响，又视其为卑劣之物。人们对钱的爱恨纠结衍生出来的逻辑混乱，只会把孩子弄糊涂，让孩子面对钱时不知所措，失去平常心。

写这篇文章时，恰巧在网上看到几句话，感觉说得有一定的道理："口袋没钱，心里没钱，轻松一辈子；口袋有钱，心里有钱，劳累一辈子；口袋没钱，心里有钱，痛苦一辈子；口袋有钱，心里没钱，快乐一辈子。"

　　财富观是人生观中非常重要的一部分，如何对待金钱，往往是一个人如何对待人生的外显。现在人们提倡要对孩子从小进行理财教育，而最重要的理财教育，不是教孩子如何用一元钱赚到十元钱，而是让他们知道，钱的本质是什么，钱在生活中的地位应该是什么，我们对钱应该持有什么态度——明白了这些，孩子才能过上富足的生活。

不必通过干家务给孩子零花钱，直接给就好

在和孩子的相处中，我们可能总是习惯于让每件事都附加某种"教育功能"。这不但没必要，反而会走到教育的反面。时时把金钱和干活挂钩的教育，可能到头来金钱观没树立好，对劳动的兴趣也无法培养出来。

爱钱是人的天性。

我女儿圆圆像很多孩子一样，从小也表现出对钱的喜好。

她三岁那年的夏天，我带她回我母亲家，给了母亲一些钱，这是我每次回家的习惯。圆圆看到了，阻拦着不让给，我没理她，让母亲把钱收起来，并没注意到她当时心里有些不服气。

过了两天，我带圆圆去一个小店买酱油、醋等几样东西，花了一张一百元面额的钱，店家找我一张五十元大钞和一些零钱。当我把这些钱往零钱包里放时，圆圆指着那好多张零钱对我说："妈妈，这些给姥姥吧。"然后又指着那张五十元说，"这张不要给姥姥。"我既吃惊又好笑，这么大点儿的孩子，居然知道这一张比那几张加起来更值钱，真是天赋啊！

她非常爱吃糖，有一天她姥姥逗她说："这么爱吃糖，长大找个卖糖的人结婚吧，天天能吃到糖。"圆圆想想说："不，我要找个卖钱的人结婚。"全家人被她的话惊到、逗笑。

幼儿园阶段，圆圆只是知道钱是好东西，还没表现出想要自己支配钱的意愿，我也没想到应该给她一些零花钱。到上小学一年级时，因为学校门口天天都有很多摆小摊的，圆圆表示也想从小摊上买些东西，于是我每月给她固定的零花钱，三元到五元，我们管这笔定时发放的钱叫"工资"。

这"工资"标准现在看定得有些低，不过依当时的消费水平，对一个小学生来说还是合适的，因为她的零花钱仅限于买校门口小摊上那些"没用"的东西，如小贴画、小卡片等，当时都很便宜。

圆圆很在乎这笔收入，每个月都能清楚地记得哪天该"发工资"了，到时就会提醒我们。

既然是人家的工资，所以发完了怎么花就是她的事了。我完全允许她自己支配，买什么，花了多少，从不过问。只提了一条要求：不许买垃圾食品。因为当时市场不规范，小摊上会经常出现一些无生产日期、无质量合格标示以及无生产厂家、来路不明的"三无食品"。这些东西我是绝不愿意她吃的。因为我平时很少对圆圆说"不"，所以这一点要求圆圆基本能遵守。

圆圆有时会买回很差劲的小玩意儿或被小贩骗了，我也一笑了之，最多把自己的相关购物经验给她讲一讲。我相信她这次买了不该买的东西，发现钱白花了，下次才能学会如何选择。经历过决策失误，才能在以后的决策中变得精明。

月底时，圆圆偶尔想买什么东西，而余下的工资又不够，我就让她从下个月的工资中提前预支。如果超支得比较多，我会额外给一些，额外部分戏称为"发奖金"。总之，**在花钱方面，我尽量让她花得满足，不**

为难孩子。

圆圆上初中时，工资从十元开始，涨到十五元钱，但她越来越不在意这点钱了，经常忘记讨要薪水，只是在需要钱的时候，才发现这个月工资还没发。

不记得这个"发工资"游戏是到什么时间结束的，似乎她上初三或上高中后再没发过。当然，圆圆并不会因为没有"工资"而变得手头拮据，她一直不缺零花钱。虽然当时我们经济条件并不好，但只要她提出需要买什么，我们都会尽量满足。

圆圆一般不会提出超过我们消费能力的要求，这一方面因为**家庭财务对孩子从来都是公开的，家里有多少钱，她知道。而且父母已为她做出了榜样，所以圆圆自然知道哪些东西在消费的范围，哪些不在**。另一方面，一直以来，父母在花钱上从不对她苛刻，她没有匮乏感，也从来不需要动用任何心机和父母讨价还价，心态反而极为单纯，没学会贪婪和算计。

近年来流行的一种做法是不直接给孩子零花钱，孩子的全部零花钱都要通过干家务来赚取。这一点是从西方学来的，这种做法我也不赞成。

原因是"家"是一个人生命中最重要的场所，它不是市场，不是单位，不是圈子，"感情"是家人的凝结剂和润滑剂，是家庭生活中的必需品和奢侈品。孩子需要零花钱就必须干家务，这种做法可能隐藏着这样一些问题。

一是把亲情关系降低到商业关系，把亲人间的互助做成利益交换。这是商业社会过度膜拜金钱的并发症，和我们的传统文化格格不入，且会削弱儿女和父母的感情。中国人一直看重亲情，追求家庭气氛的温暖，讲究母慈子孝。而欧美国家，尤其是美国，为什么被人称作老年人的地狱，许多老人有儿有女，却在孤寂中死去，我认为这和他们早早把市场法则引入家庭生活有关，文化总是有它的因果的。

二是容易培养唯利是图的心理。我的一个亲戚，他曾一度对孩子实行以劳计酬的做法，规定洗一次碗多少钱、擦一次地多少钱、洗一次衣服多少钱。到最后他发现，孩子无论做什么家务都要问有没有钱，哪怕是很简单地顺道扔一次垃圾，也要问这个给多少钱。孩子按劳取酬的习惯确实培养出来了，但唯利是图的心理也开始露出苗头。

三是会导致儿童对劳动产生负面认识。儿童本身是喜欢劳动的，如果因为孩子干了一点活儿，就要付他报酬，这其实暗示了劳动是件苦差事；而且，孩子的天性愿意讨家长喜欢，如果他的劳动给父母带来了快乐，孩子内心是比得到钱还快乐的，这种快乐，更会刺激他对劳动的热爱。付钱做家务，则既消解劳动的价值和快乐，也消解他为家庭做事的兴趣。

我虽然不赞成付钱做家务，但曾经认为，偶尔孩子想买一件家长原本不打算给他买的东西，这种额外消费，可以鼓励孩子自己赚钱来买。并且自己就这样做了。

圆圆上小学二三年级时，有一次我和她逛街，在一个礼品店里看到一个特别漂亮的洋娃娃，她非常喜欢。那个娃娃大约是一百元，以我们当时的收入，显然太贵了。尽管我当时月薪比较高，那也要一下花去月薪的十分之一。所以我犹豫了一会儿，还是把娃娃放回去了。临出门时，店家说因为太贵，进货时只进了一个，不买就没有了。我能看出圆圆在那一瞬间的沮丧，很心疼她。

回到家后，我跟圆圆商量，她可以自己赚钱来买那个娃娃，帮父母洗碗，洗一次赚两元钱，只要赚够五十元就行，其余的由妈妈承担。圆圆很愿意接受这个条件。但一个小学生洗二十五次碗，这真是件不容易的事。我经常鼓励她，当然，她哪天不想洗，或连着几天都不想洗，我也从不勉强。

圆圆断断续续地用了将近两个月的时间，终于赚够了五十元。在这个过程中，她一直担心那个娃娃被别人买走，我告诉她不会的，让她放心。其实，这也是我的担心，一个洋娃娃，这对于孩子来说，已不仅仅是个玩具，而是一项近期事业，我不能让孩子失望。所以我在和圆圆达成洗碗协议后，就赶快找个时间去买回了那个娃娃，悄悄放起来。到圆圆第二十五次把碗洗好后，我立即拿出了那个娃娃，圆圆非常意外，高兴极了。

这件事让我自以为是地陶醉了很多年，并且把它写成文章放到书上。我一直认为这样做不是拿钱购买孩子的劳动，而是鼓励孩子去做一些事，克服一些困难，获得自己想要的东西。很多年后，我才意识到，这无非是一个小号的"付钱做家务"的行为，区别只在于有些人经常这样做，我只是偶然为之。

经常打孩子是错误的，偶尔打难道就正确吗？

现在来分析这件事。

首先还是我心疼钱，不太想买，但又于心不忍，为了平衡自己的内心，向孩子提出洗碗的要求——这是变相的交换，只是我赋予了它"教育"意义，让事情变得好看些。

其次，条件苛刻，要一个那么小的孩子洗够二十多次碗才给买，这非常为难孩子。如果我当时和孩子订立的条件是洗一次五十元，两次就赚够买娃娃的钱，会略好一些。

再次，我把它说成是"帮爸爸妈妈洗碗"，潜意识就知道这是强加给孩子的任务，是有问题的。同时，这样说，把孩子的个人体验扭曲成为别人做事，把劳动的乐趣降低为一种达到目标的手段，反而消减了她对做家务的兴趣。

我以为自己一箭双雕：既让孩子得到玩具，又培养了她的劳动能力。

孩子的大脑也会被妈妈影响，当时表现出认同妈妈的做法。但她的心知道真相，她的感觉不会骗人。

事实证明，圆圆洗碗那么多次后，并没有热爱上洗碗或做其他家务，反而是拿到漂亮娃娃后，一次也不再洗了。我可能是当时隐约感觉到了这件事的问题，同时出于一直以来的习惯，凡事尽量顺着她来，不执着，此后再没要求她去洗碗或固定承担其他家务。

她成年后，有一天我问圆圆怎么看待我当初的这个做法，她想都没想地告诉我"不好，没用"。这是她作为一个孩子、作为一个当事者、作为一个已经长大的会思考的成年人对这件事给出的最终的定论。

家长如果能真诚地剖析自己，会发现，我们对孩子的爱有时候并不是那么纯粹，不知不觉就被功利心引诱，无意识地对孩子进行错误的灌输和引导，给孩子增加很多体力和心理负担。**假如时光倒流，更好的做法是面对孩子的愿望，诚实地问问自己能不能买得起，舍不舍得给孩子买。如果咬咬牙能买得起，也舍得给孩子买，就痛痛快快地买了，什么条件也不提。**

在和孩子的相处中，我们可能总是习惯于让每件事都附加某种"教育功能"。这不但没必要，反而会走到教育的反面。时时把金钱和干活挂钩的教育，可能到头来金钱观没树立好，对劳动的兴趣也无法培养出来。**家长内心干净、简单，无条件地爱着孩子，就是为孩子提供了适宜的阳光雨露，孩子自然会成长得健康饱满，不但具有对待金钱的良好态度，也会生长出良好的赚钱能力。**

圆圆长大后做家务的能力并不差，做饭、收拾屋子都不成问题，只要有时间，她也乐意做些家务。这其实是她综合能力的局部体现，是我们一直以来方方面面基本上贯彻了爱与自由的教育的结果，和她小时候洗那么长时间碗没有一点关系。

不赞成把孩子的零花钱和做家务绑在一起，并不是说完全不能鼓励孩子通过做点什么来赚钱，毕竟赚钱也是一种能力，培养好了，也是良好教育的一部分。

生活中如果有合适的机会，让孩子体验赚钱的乐趣，也是很好的一件事，是锻炼孩子劳动能力、思考能力和动手能力的一个机会。

比如参加社区组织的跳蚤市场，让孩子自己去备货、交易，赚来的钱交给孩子自己支配。这样的赚钱是游戏的一种，自在而无功利，孩子一定能体会到其中的乐趣，也会生长能力。要注意的是父母在整个过程中要减少指点，装不懂，尽量让孩子自己去想办法了解或解决一些问题，这样孩子会有成就感。否则孩子会感觉自己只是个小傀儡，很快失去参与的兴趣。

其他一些孩子乐于参与的赚钱活动，比如和父母一起做一件能赚到钱的事，让孩子承担相宜的工作，只要内涵是健康的，都可以让孩子去尝试。

第六章

关于自闭症

现在有一种趋势，儿童出现某种心理问题或行为问题时，人们不再有耐心去思考孩子的个性差异或教育生态环境，而是直接把这些问题推给医疗。当孩子有某种问题时，家长如果不是马上领着孩子跑医院，而是自省一下，我给他正常的家庭生活和正常的教育了吗？我真正理解我的孩子吗？真诚地思考，问题的死扣也许就此开始松动。

走出心理沼泽——小春的故事

　　我相信，一个爱阅读的孩子，他心底向善向美的本能不会轻易死去，这是他在被严重损害的情况下，仍有可能变得正常的最后的火种。

　　我曾在一所小学短暂地做过管理工作，遇到一个叫小春的四年级学生。

　　他暴力倾向极为严重，几乎每天都和同学或老师发生冲突。别的同学在走廊里看了他一眼，他说人家的眼光不怀好意；站队时别人不小心蹭他一下，他说是故意挤他；甚至有的同学随口唱两句歌，他说人家故意在他面前显摆，嘲笑他不会唱歌……总之，尽管大家很小心，尽量躲着他，还会莫名其妙惹着他。

　　他发起脾气来很恐怖，会狂躁地大哭大闹，像疯了一样摔打东西、追打同学，会咬牙切齿地喊："我要杀死你，把你的头拧下来，用刀剁碎……"老师如果去劝说他，他会连老师一起打骂，甚至故意攻击女老师的胸部。在他最狂躁时，连体育老师也摁不住他。听说老师给这孩子做过许多思想工作，学校甚至专门请来心理咨询师对其进行心理辅导，都没什么效果。

他妈妈听从一些老师的建议，带他去医院精神科看过病，有的医院诊断是多动症，有的医院诊断是自闭症，吃过不少药，但这些药物除了让他上课昏昏欲睡外，没什么别的作用。

小春的班主任告诉我，这个孩子其实非常聪明，很爱看书，他上课似乎从来不听讲，成绩却不差。只是，班里有这么一个学生，同学和老师都没有好日子过，每天都提心吊胆的，不知他什么时候"发疯"。家长们曾联名向学校和教委反映过，但学校不能开除这个孩子，又找不到解决办法，只能这样凑合着往下走。

校长也告诉我说，就因为班里有这样一个孩子，没人愿意来这个班当班主任，管理这一个孩子比管理四十个正常孩子还要累。老师们甚至不愿意给这个班上课，课堂经常被他搅乱了。以前老师经常因为小春闹得不像话找他的家长，现在也懒得找了，他姥姥和妈妈也很少来学校，甚至回避家长会。校长担心小春会在哪天捅出大娄子来，已跟附近派出所取得过联系，以备万一发生什么事情，能迅速获得警察的帮助。

我第一次看到这孩子时，感觉他的精神已濒临崩溃。下课了，所有的同学都躲他远远的，他像个孤魂一样在走廊里无目的地游荡着，眼神迷茫又充满敌意，还有哀怨和绝望。他的状态令我震惊。如果这样下去，小春今生大约只有两个去处了，不是监狱就是精神病院，而某些无辜的师生可能会受到他的伤害，所以必须赶快想办法改善他的情况。

我找了几个和他接触较多的老师，详细了解了他的情况，尤其是他的家庭情况。小春父母离异，爸爸很少去看他，妈妈是很强势的人，自己开一个小公司，很少管孩子。小春出生后一直和姥姥姥爷生活在一起。小春姥爷很懦弱，姥姥也很强势。在小春刚上学的前两年，姥姥不时地来学校找事，总是说同学和老师欺负了小春。以前的班主任一谈起小春的姥姥就摇头，说没见过那么不讲理的家长。只是近一年多，因为小春在校表现实在太成问题，学校几次委婉地劝他们给孩子转学或退学，姥姥才有所收敛。但也放出她的底线，就是学校不可以让小春转学或退学，因为小春有病，学校不要小春就是歧视，她要去教委告，找媒体。吓得学校再也不敢说什么，只好这样凑合着。

这些信息已足够让我猜测小春出生以来遭遇了怎样恶劣的教育生态环境，也让我能判断出小春为什么会是现在的样子。孩子从一出生就没得到正常的父爱和母爱，长期处于那样不堪的一种家庭生活中，到学校又经常被老师们用大道理批评教育一番，似乎过错都是他的，把他的情绪通道全部堵上了。这样，孩子的精神怎么能正常呢？真是想想就令人心疼啊！

我知道做小春的工作会非常难，必须找到一个突破口，首先打破和小春的沟通障碍，取得他的认同，然后再改善他的心理。

小春爱阅读，读过不少书。我想这是我可以入手的地方，也是我对小春还抱以希望的前提。我相信，一个爱阅读的孩子，他心底向善向美的本能不会轻易死去，这是他在被严重损害的情况下，仍有可能变得正常的最后的火种。

我从找小春给我帮忙开始入手。

我找来一篇适合放到学校网站上的文章，一千多字，故意把其中几个字写错，把一两个句子写成病句，打印出来，然后把小春叫来。我对他说，听你的班主任说你很爱读课外书，我估计你文字水平肯定比一般同学高。我这里有篇稿子适合放到学校网站上，但发现里面有错别字，我没时间校对，你可不可以帮我校对一下？

我的话可能让小春觉得意外，他看我一眼，然后把目光躲开了，表情冷漠，不置可否，既不说行也不说不行。他也许是不自信，也许不相信还会有人看得上他，让他帮忙。我没在意他的表情，很信任地对他说，帮老师一个忙吧，我实在没时间校对。来，我给你说一下怎么修改。

他用狐疑的眼光看看我，又微微点点头，低头看地面，不吱声。我感觉他是很想做这件事的，就没再说什么，给他简单讲了一下编辑修改符号，并告诉他如果看到哪些句子写得不合适，也可以修改，然后让他把稿子拿走。

第二天早上，小春就把稿子送来了，还是一句话不说，面无表情地站在办公桌旁。我快速地把稿子看了一遍，他修改得很好，不仅所有错别字都改过来了，对病句也做了修改。我真诚地表示赞赏，然后又拿出一篇稿子，对小春说，你校对得这么好，能不能再多帮老师点忙，再帮我校对一下这篇？

他什么也没说，面无表情地顿了片刻，接过了稿子，扭头走了。我能明显感觉到他这一次来我办公室的情绪比上一次好很多。

我把小春校对过的两篇稿子交给学校网管时，特意叮嘱不要把后面校对者的姓名删掉，我相信小春会上网看的。

以此为突破口，我后来又找这孩子校对过几次，每次他来取送校对稿，我都会随意地和他聊上几句。并且，我开始借书或送书给他，这样我们的话题就更多了。总之，我要做的就是让他放松，心理上一点都不紧张。

孩子开始信任我，从那以后，他每次和同学或老师发生冲突后，怒火一定是要来我的办公室平息。初期的一个多月，他几乎天天会哭泣着走进我的办公室，有时是班主任或其他老师送过来，有时是他自己过来。不管多忙，我都会放下手中的工作，和他交流。

小春在其他老师的描述中，是个从来不和别人交流、不会对话的人。

确实，开始时他即使来我办公室，也什么都不对我说，只是哭泣，或狠狠地自言自语几句，似乎在骂什么人。这种情况下**我不强行和他对话，友好而平静地听着他哭骂，完全不刺激他。待他平静些后，不管他有没有回应，和他简单说几句话，然后给他本书看，或给他几张纸乱涂乱画，我继续干自己的，互不干涉。**他往往会在我办公室待上一两节课的时间，直到情绪平复了，才回到教室。

慢慢地，小春开始愿意在我面前诉说他的委屈和不忿。初期，他自己常不管不顾地一个劲说，和我没有任何互动。尽管我能听出来他经常不讲理，总是持有强盗逻辑，而且废话很多，但**我不打断，很少正面开导他，也没给他讲过什么道理。有时为了安抚他的情绪，甚至会故意顺着他的话批评别人几句。**

小春对我越来越信任，在我面前越来越放松，不管他表现出低落还是倨傲，情绪上完全不和我对立，于是我们开始能对话，尽管他经常前言不搭后语，答非所问，但很明显，他愿意打开心扉，能够表达和交流了。

渐渐地我有一个发现，他不管在学校和哪个同学或老师发生冲突，最后不知不觉地总是把情绪落到他妈妈和姥姥身上。我从他的话语中慢慢拼凑出了他的家庭生活真相。

妈妈和他见面不多，一会儿爱他爱得要命，一会儿恨他恨得要死。经常给他买很多衣服、电子产品及其他吃的用的等，舍得花钱，可一回家就和他发生冲突，然后把他打一顿。

有一次，小春用非常平淡的口气对我说：昨晚我妈又冷不丁地抽我一个耳光。我问为什么，他说："不为什么，她喜欢这样，三句话说不对就上耳光。"小春说这话时口气平淡，波澜不惊。我惊诧地看看他，他一脸冷漠，不看我，自顾自地说："我现在一看她抬胳膊，就不由自主地要躲一下，其实她有时候只是弄一下头发。"

他姥姥对他的爱也很畸形，不是包办就是打骂，处处控制他，和他妈妈的做法如出一辙。有一次小春居然说出一句，"我姥姥早点死了就好了，可我妈还得活很多年，她们怎么能快点死了呢？"虽然诧异，但**我不阻止他说出这样的话，也不对这样的话做出过度反应，像听任何一句平常话一样，平静而友好。**

我几乎没给小春做过正面开导工作，我会在他尽情宣泄后，诚实而客观地和他一起分析妈妈、姥姥的问题，告诉他她们做得不对，还和他分析过这几年遇到的一些老师的问题，我就是想**让小春知道，他不是天生的坏孩子，他现在是有些问题，但这些问题全部是家庭和学校带来的。**

同时我努力捕捉他的各种优点，让他知道，他是个多么正常可爱的孩子。有一次，他说正在第二遍看《哈利·波特》，并且自己也在写魔幻小说，但他的小说不给任何人看。我相信他其实是想让我看的，否则不会告诉我他在写小说，所以我对此表示出兴趣，问他可不可以给我开个后门，拿来给我看看。他没有答应，摇摇头，然后不理我就走了。第二天却带来一个大本子，里面是他写的小说，当时已写了五六页，大约有三千字。他的故事有模仿《哈利·波特》的痕迹，但文笔流畅，全部是手写，很少有修改，看来是一气呵成的。在我的教师职业生涯中，确实很少遇到文笔这么好的学生，我发自内心地欣赏他的才华。

小春很少交作文本，只要他上课不闹事、考试能及格，老师们就觉得很好了，所以也不强求他交作业。从这个小说来看，他的写作能力要高出班里同学好多，将来完全有可能真正从事创作，写出自己的作品。

这件事让我和小春走得更近一些，我们有了更多的话题。他每写完一个段落就拿来让我看看，**我只分享他的创作快乐，尽量避免点评，不扰乱他的构思和信心，呵护他的写作热情。**我让小春感觉到，我阅读到的是一个小作者写的小说连载，而不是一个小学生给老师看的作文。我相信，一个孩子，只要他尚存一息自尊，觉得自己有被人认可的地方，就不会完全堕落。

在和小春所有的交流中，我把握的原则就是不矫情、不强势，平和、理性。我能感觉到孩子有一种终于被理解的快乐，他每次走出我的办公室，都带着愉快。

我的工作重点其实是他的家长，内容很简单，就是制止家长再打骂孩子，要求家长放弃严格的家规。但这是最困难的部分，这个过程花费的时间和精力最多。

我先找小春妈妈谈了一次话，让她知道她一直以来对孩子的严厉和孩子现状之间的关系，要求她回家戒断打骂孩子，不要用各种家规来限制孩子。小春妈妈开始对我有些抵触，并不承认自己经常打孩子，她居然说自己很少打孩子。然后抱怨孩子太不听话，没法交流，讲自己为孩子付出多少辛苦，等等，言语间表示出对小春的厌恶和无可奈何，似乎要证明一切问题都是孩子天性所致，是来自孩子父亲的遗传。同时她特别强调小春有多动症和自闭症，并说因为找的医院不同，医生诊断不同，她一定要确诊孩子到底是哪种病。但我能感觉出她说这些时并不十分自信，这反而让我对改善她的教养方式有了信心。

我知道她在短时间内不能接受小春的问题是来自她的教养失败这样一个事实，所以当时没有生硬地给她讲道理，相反，处处表示出理解，目的同样是不让她在情绪上和我对立。

接下来我按自己的计划，不断地和她沟通，经常给她打电话，在接触的第一个月，平均每天打一次。我不断强化孩子不可以打骂的信息，并就一些具体问题给她具体的指导，让她知道确实有比打骂更好的方法。同时也不断告诉她小春具有聪明懂事的潜质，让她对孩子有信心。

这个过程令我非常为难和痛苦，耗费精力巨大，但我一直坚持着，并尽量想办法做得自然。事实证明我的努力是有效的，小春妈妈的态度开始转变，她开始控制自己打孩子的节奏。她本是个很强势的人，但在跟我沟通中，渐渐学会了倾听。

我不断地想办法强化她对小春的正面思维和正面态度，让她知道自己做得越来越好，小春也在越变越好。我还给她布置任务，让她监督孩子姥姥，不允许老人再打骂孩子。这样，她有意识地去制止姥姥打骂小春时，自己也就更有意识地克制自己的脾气。她后来居然能做到天天回家陪孩子，一方面想多给小春些关爱，另一方面防止姥姥再打小春。小春挨打的次数越来越少，约半年后，就不再听说他回家挨打了。

不挨打的小春很快表现出可喜的变化，和同学及老师的冲突次数开始下降，越来越少。班主任时不时地表扬他一下，说他越来越懂事了。

班里的同学其实都非常单纯，一旦感觉小春不再威胁他们，不少同学开始很自然地和小春一起玩了。

就这样，事情慢慢进入了良性循环。小春开始有了玩伴，到我办公室的次数也就少多了。半年后小春就不再和同学、老师发生严重冲突，抗抑郁药也停了。

当然，并不是小春的全部心理问题都解决了，我没有能力擦掉他全部的伤痛，创痕还在他心里，他偶尔还是会出现一些问题。

智商出色的小春，在情绪上却显得比同龄人幼稚。比如因某件事不快，要么号啕大哭，要么趴在桌子上一动不动，谁都不理。但不会像以前那样找碴儿打人，即便生气也不过分暴烈，有了自我约束力，整体状态基本趋于正常。学校里一些不明就里的老师很惊奇地说，这个小春怎么一下子变得懂事了，看来长大一岁就是不一样啊，换了个人似的。

我离开这所小学后，和小春的妈妈还保持了较长时间的联系，隔一段时间给她打一次电话，她偶尔和小春发生冲突，不知该怎么解决，也会给我打电话倾诉或咨询。我知道她一直在努力改变着自己。我和小春直接联系并不多，两三年间总共通电话约四五次。我记得最后一次和他们联系是小春上了中学，成绩很好。电话中的小春变声了，他兴致勃勃地给我讲了进入中学的一些事情，还讲了他最近看到的有意思的书。从电话中感觉，他的状态比我离开学校时更好了。

　　只要不出意外，小春将来一定会上大学。未来他也许会成为一个文学家，也许会成为一个专业技术人员。无论成为什么，他至少成为正常人，可以拥有正常的人生，这才是最重要的，也是我作为教师想到一个学生时最感欣慰的。

"自闭症"大爆发背后的真相及彻底康复之路

一、"自闭症"宣传中的水分及其悖论

二、"自闭症"孩子到底怎么了？

三、盲人摸象的医疗诊断及"贴标签"的危害

四、"康复训练"是严重的二次伤害

五、"自闭症"大爆发的背后推手

六、回归自然是最好的治疗

七、对于几个关键问题的解答：

世上是否真有"自闭症"这种病？

教育工作者不是医生，有资格谈自闭症吗？

如何解释同一个家庭的孩子，甚至是双胞胎，会出现有的患病有的健康？

为什么男孩"得病"的多？

自闭症天才现象如何解释？

到底要不要带孩子去医院诊断"自闭症"？

如果家长在前面有养育方面的失误，孩子表现出"自闭症"状态，接下来该怎么办？

如何看待联合国设立"国际自闭症日"？

现在有一种趋势，儿童出现某种心理问题或行为问题时，人们不再有耐心去思考孩子的个性差异或教育生态环境，而是直接把这些问题推给医疗，所以围绕孩子大脑和意识的疾病越来越多。

活泼亢奋的得了多动症，内向孤僻的得了自闭症，迟迟不说话的得了语迟症，说话太多是威廉姆斯综合征，不好好吃饭是进食障碍症，吃得太多是嗜食症，动作不协调是感觉统合失调症，经常说脏话的得了秽语综合征，霸道或懦弱的孩子有社交障碍症，不敢和生人说话是选择性缄默症，上网太多的患了网瘾，玩具不离手则是患了恋物癖……疾病的名单很长，几乎儿童成长中所有的情况——只要它不被成年人满意——最后都会进入医疗，成为一种需要医生治疗干涉的病症。

尤其"多动症"和"自闭症"，因其事关儿童整体行为状态，涉及点多，目前成为最大的两种流行病。

关于"多动症"，我已在另一本书中探讨过这个问题 [1]。这几年以来，

1　尹建莉，《好妈妈胜过好老师》，作家出版社，2009 年 1 月第 1 版，《"儿童多动症"是个谎言》。当时的写作背景是，2008 年前后几年间，"多动症"宣传铺天盖地而来，全中国突然冒出那么多大脑有病的儿童。甚至我接触到的朋友的孩子、亲戚的孩子及学生，也纷纷被诊断出"多动症"。这些孩子明明什么问题都没有，我能清楚地看到他们身上所谓的"问题"，要么来自成人的错误评价，要么来自家庭不得法的教养方式。家长不去反思自己的问题，却把孩子送到医生那里。"有病"的定义不但掩盖了问题根源，更会置孩子和家长于万劫不复之地，于是开始关注这个问题。2009 年我的著作《好妈妈胜过好老师》出版，其中收录了《"儿童多动症"是个谎言》这篇文章，随着书的畅销，读到这篇文章的人越来越多，我开始不断收到家长们写给我的感谢信，说他们怎样发现了自己教育中的失误，怎样从"多动症"的梦魇中一下醒来，这些来信令我无比欣慰。虽然也受到一些攻击和谩骂，却也让我更关注教育与医疗这两个领域的关系。

"多动症"在中国媒体的宣传越来越少，在人们的概念中逐渐淡化。我相信它的生命周期本该这样，虚假的东西没有生命力。很多儿童不必因为淘气或注意力不集中而轻易被扣上"多动症"的帽子。他们虽然有缺点，却没有病。这一简单概念的确立，对他们的人生影响深远。

但这并不意味着孩子们能逃过"有病"的厄运，"多动症"之后，取而代之的是"自闭症"。此病的宣传、阐释、诊断及治疗等，与"多动症"如出一辙，但较之"多动症"，更加来势汹汹。虽进入中国时间不长，但其宣传声势之大，发病率上升之快，发病人数之多，病人范围之广，前所未有。

没有谁会否认"自闭症"这样一种先天缺陷存在的可能。因为人类的任何器官都可能存在先天缺陷，大脑也不例外。除了像唐氏综合征等这样有明确基因缺陷的先天残疾，智力正常但语言功能低下，交流功能障碍的情况肯定也有。但不管什么先天缺陷，发生率都不会高到离谱。如果说某种先天疾病突然莫名其妙地成为大面积暴发的流行病，那一定是某种外部原因促成的。

一、"自闭症"宣传中的水分及其悖论

当下，尽管不同渠道公布的"自闭症"发病率五花八门，相差甚远，总体调调是越来越高，某些媒体甚至陈述为"爆发式增长"，比癌症、艾滋病、糖尿病患者的总人数还多——这就是说，如果你在生活中见到过一个癌症或糖尿病患者，就应该见过一个以上自闭症患者——敢这样报道的媒体当然不会进行这样的对比分析，它要抓眼球，就不需要深入和理性。所以在白血病发病率大约是十万分之二三的情况下，某些媒体和某些相关机构完全无视常识，把"自闭症"的发病率炒到1%，甚至更高。同时强调患儿越来越多，多到自闭症康复机构不够用了，政府和公众应该给予支持，多建康复机构……新闻学中最重要的一条铁律是"真实"，

但在"自闭症"宣传中，处处可见道听途说。

事实是迄今为止，我国尚没有权威的儿童自闭症流行病学数据报告，没有任何人、任何机构对此有过大规模调研和统计。所以尽管是如此吓人的高发病率，却几乎看不到权威机构或权威学者站出来说话。

美国电影《雨人》，中国大陆电影《海洋天堂》和中国台湾纪录片《遥远星球的孩子》是目前中国公众了解自闭症的主要来源，几年来，甚至媒体宣传也一直在用这几部电影说事。社会心理学有一条原理：一切煽动性的宣传，瞄准情绪比瞄准理性效果好得多。而电影是煽情最好的载体，剧本可以随意编写，镜头可以任意取舍和切割。影片把"自闭症"患者描绘为一群宛如被上帝特别圈点过的异类，他们天生孤僻冷漠，不善交流，却在某方面有极高的天才，社会交往能力低下，使别人不理解他们，常令他们不知所措，生活艰难。从 2008 年开始，每年的 4 月 2 日是"国际自闭症日"，到了这一天，很多人，尤其演艺界的一些明星会大声呼吁关爱自闭症患者，这当然是出于人们的善良和博爱。但如果你问他这到底是怎样的一种病，人们基本上都是用这几部电影说事。

所以"雨人""星星的孩子"现在成为自闭症患者的代名词——美丽、遥远、不凡——这作为传播形象很迷人，很有感染力，但和实际情况相去甚远。

实际情况是，现在被广泛诊断为"自闭症"的孩子就是一群普通孩子，倘若再经历长期康复，最终大多数人将成为智力和心理的双料低能者，只有极少数孩子能比较正常地融入普通生活。而在某些方面表现出特异天赋的，凤毛麟角，并不具有代表性，如同失去双臂后学会用脚弹钢琴、在"中国达人秀"中夺冠的刘伟，他是个奇迹，但不能代表所有失去双臂的人的乐器演奏水平一样高。

除了以上传播与事实的不符，更多的是被各类媒体及相关宣传常常引用的下面这些互相打架的诉求：

自闭症是一种先天疾病，是基因或大脑某种生理出了问题；

自闭症和后天教育及成长环境完全没有关系；

自闭症必须早筛查、早诊断、早治疗；

自闭症目前无法治疗，患者往往终身精神残疾；

自闭症患者经常受到歧视，要反歧视，呼吁关爱这个群体……

在这些诉求中，有一点首先值得澄清：宣传总把"自闭症"成因和教育问题剥离得干干净净，确定它是纯生理疾病，是基因的问题。事实是，到目前为止，全球医学界尚未对自闭症病因病理形成统一定论，它是如何发生的，哪里出了问题，谁都不知道。当然一直不断有人拿出"最新研究成果"，用基因或其他生理指标来说事，但没有一个得到公认。即"自闭症"诊断和常规医学诊断不同，常规医学诊断必须依病人的生理变异事实来下结论，"自闭症"诊断却是纯主观判断。当一个医生认定某个儿童是"自闭症"患者时，他并不知道儿童哪个器官或哪个生理指标出了问题，只是依据"核心症状"或"诊断量表"进行综合判断。

这就说到"症状"及"量表"的问题。

目前公认的"自闭症"核心症状是：社会交往障碍、语言交流障碍、兴趣狭窄和刻板重复的行为方式。诊断量表主要围绕这几个方面设计。

量表中的各项评分标准没有一项生化指标，全部是行为判断。这些行为，即所谓的"症状"，用教育学或心理学全部可以解释，不过是儿童个体差异，或是儿童遇到环境困扰后不同程度的扭曲表现。换句话说，任何儿童，尤其是早期遭遇错误对待的儿童，都有可能符合量表中的大部分症状。

用这样的事实，重新解读上面的几条宣传诉求，更会发现一串悖论：

既然不知道是什么基因出了问题，如何断定一定是基因出了问题？

病因和病理都不清楚，如何诊断？没有准确的诊断，哪儿来的筛查？又哪儿来的发病率？

每种轻微"自闭症"症状都会表现在有某种心理障碍的儿童身上，较严重"自闭症"症状和儿童精神病症状高度吻合，医生是如何鉴别两种情况的？如何区别哪个是先天，哪个是后天？

医生有能力诊断，为什么不负责治病？治病为什么要去自闭症康复机构？

说到自闭症康复机构，又是一连串不可思议。

首先，依其举办性质来说，它是教育机构，而非医疗机构，所以工作人员是"老师"，不是"医生"。

其次，现在举办自闭症康复机构的门槛非常低，既无行业标准，又无从业人员资格准入制度，不管你以前是从事什么职业的，都可以申请到执照，不少自闭症康复机构就是患儿家长自己办的。由此，我们不能不产生一个疑问：这么一个"世界级疑难杂症"，康复机构的人怎么就有办法对付呢？

康复机构当然可以解释说，训练方法采用的是国内或国外专业人士编制的课程，课程内容很强大，有康复功能。那么还有一个问题需要解释：假使他们所采用的康复训练可改善基因缺陷，既有效又容易学到手，为什么经过常年康复的孩子，最终大部分都成为确定无疑的精神残障者呢？包括那些最积极举办自闭症康复机构的患儿家长，他们孩子的最终状况有说服力吗？早诊断早治疗，倾家荡产去康复一个来自遥远星球的天才，最后就是让他进入残疾人行列？

2013 年 4 月，中国最有影响力的 CCTV 一档名为《开讲啦》的电视节目，邀请到一位女嘉宾开讲。她是一位"自闭症"患儿的妈妈，最早在中国开办自闭症康复机构，是该领域在中国的知名人物。她在孩子五个月时出国留学，两年以后回国，发现孩子不会喊妈妈，然后孩子被确定为自闭症。现在她的孩子已成年，智力表现为永久残障。一位年轻人提问，您的孩子患自闭症，有没有可能是早期母子分离所致？这位女士果断地说不是，因为"自闭症的基因图都可以画出来，是多因素致病"。

她的回答也许给人一种印象，即自闭症的研究已进入生物学的层面，病症的秘密已被揭开，或即将被揭开。事实是时至今日，从来没有人能确定哪种生物因素会致病，自闭症基因图也从没有人画出来。所以我们只能猜测，她所说的"基因图可以画出来"是指现在宣传中说的自闭症谱系示意图，答案更是和学生的提问驴唇不对马嘴。这就需要我们知道所谓的"自闭症谱系"是个什么东西。

"谱系"一般指一个演化系统。系统间的要素彼此有承接、关联和影响。好比"肺癌谱系"应该是有关人种、地域、遗传、生活方式、基因等这些方面的立体构成。而"自闭症谱系"（ASD）却是根据典型自闭症的核心症状进行扩展，把所有和"典型症状"沾边的情况都包括进来形成的一个平面范围。相当于依据肺癌标准，把肺结核、肺炎、气管炎、感冒、咽炎、咳嗽等都归入"肺癌谱系"。即"自闭症谱系"不是一个生物学或遗传学意义上的概念，而是对一个划分范畴的统称。

例如所谓的"阿斯伯格综合征"或"高功能自闭症"，其真实含义是"疑似自闭症"或"轻度自闭症"，是谱系中的重要组成。现在有报道说，爱因斯坦、牛顿等科学家被怀疑是高功能自闭症患者——如果真是这样，超高的"发病率"倒是合理。没错，按这样的逻辑，倘若真有人定义一种"肺癌谱系"，人人都将是肺癌患者，肺癌"发病率"确实高，谁没感冒咳嗽过？可这样的"谱系"概念，除了千万倍地放大"发病率"，制造恐慌，有什么价值呢？

退一步，即使关于基因致病的猜测是对的，发病率越来越高的论断

也没来由。

　　自然为人类做的一切设计，都是向着交流和融合进行。人类最古老的奋斗，就是与其他人合而为一，在进化中力图保存自己的基因，这是亘古不变的需求。并且精神病学研究早已有这样的理论：先天生理上的差异，不会导致一个人采取变态的生活方式。大脑是一个可以接收文化软件的硬件系统，具有强大的适应性，进化程度越高，语言和合作功能越强大，相应地，这些方面的基因表现会越来越健康，而不是越来越病态。换句话说，假设自闭症真是基因所致，那么发展的趋势必定不是患儿更多，而是越来越少。用基因来解释"自闭症"越来越多，显然大方向就不对，基因不会让自己水往低处流。

　　总之，那么多的诉求，只要摆到一起综合地看一看，就会发现疑点重重。那么接下来的问题就是，"自闭症"到底是怎么回事？一个如此扑朔迷离的事，背后真相是什么？是什么在左右着当下发生的一切？

　　为了搞清楚这件事，请允许我在以下的内容中分步骤进行解读。

二、"自闭症"孩子到底怎么了？

　　说到"自闭症"的事，很多人首先会问，到底有没有"自闭症"这么个病，它到底是一种先天疾病还是后天疾病？关于有没有的问题，我放到本文第七部分的第 1 个小问题"世上是否真有'自闭症'这种病？"中来回答。

　　这里先说说先天后天的问题。

　　我想，正确的答案应该是：有先天，也有后天——人体的任何器官都有可能出现先天残障，如先天盲聋、先天心脏病、先天肢体残缺等。大脑是人体器官的一部分，也不例外，所以不能否认先天"自闭"的可能性。即在排除所有成长环境问题后，可能有人天生就这样：听力正常，但语言功能低下；智力正常，但交流能力极其低下。

这样的人有多少，没有人能提供可信的统计。但我们可以相信它较之其他类别的残疾，不会太高也不会太低。不信的话，从我们自己的大脑中搜索一下，或问问身边的人，见过几个"自闭症"，答案即可知晓。

世上不可能突然冒出很多六个脚趾的孩子，也不可能凭空出现很多"自闭症"儿童。如果说现在真的出现较多有交流障碍的孩子，它要提醒的是，当下，我们在对待孩子的问题上也许存在某种普遍性的误区。

教育学和心理学研究早已发现，几乎所有严重的儿童心理障碍，都是亲子关系联结不良的后果。而导致亲子关系联结不良的两个重要原因：一是儿童早期和母亲接触机会的匮乏；二是家庭教养方式，尤其是父母教养态度的不得法。

儿童和世界的第一个联结通道由母亲来建立。母乳不仅提供肌体成长能量，也提供心理成长能量。母亲的怀抱、气息、声音等等，所有的陪伴都是孩子的心理奶水。幼年丧母、母亲严重精神障碍等不可抗拒的原因会损伤孩子心理。与此同时，一位自身再优秀的母亲，如果她在孩子幼小时忽略了和孩子相处的重要性，把孩子全部托付给老人或保姆，亲子关系淡薄；或长期用教条刻板的方式对待孩子，孩子也会出现心理营养不良——这正是现代社会生活中，一些父母健全，甚至家境优渥的孩子出现心理问题的重要原因之一。

生命最初的几年是人生的黄金期，几乎奠定了一生的发展基础。母亲在这个关键时期缺席了，或一直以反自然的方式和孩子相处，孩子的生命必定会出现巨大遗憾。我们从很多"自闭症"儿童家长的自我陈述中可以看到，他们大多在孩子婴幼儿期去忙事业，到孩子大一些，出现行为异常时，才后悔莫及。也有人把自己的童年心理创伤投射到和孩子的相处中，无意中扭曲了亲子关系。

早期经历的影响到底有多大，有人做过这样的实验：把一只成年狗的一只眼睛蒙半个月，去掉眼罩后，这只眼的视力很快能恢复到从前的水平。但把刚出生的、双目视力正常的小狗的一只眼睛蒙上，半个月后去掉眼罩，小狗这只眼几近失明。经过长时间恢复，虽然有了视觉，但视力低下，出现永久残疾。

这种生理现象和心理发育现象几乎完全一致。心理学家通过实验研究发现，从小被隔离长大的猴子，它们大脑皮质神经元连接稀疏，行为神经质，走路蹒跚不稳，甚至叫声都不正常。成年后，永远处在猴子社会阶层的最下端。

儿童对物质的东西要得其实不多，只要有基本保障就可，对母爱的需求却很高，必须充分。倘若母爱打折了，即使锦衣玉食、仆役成群，心理发育也会打折。犹如一棵树长得好不好，不在于种在皇宫还是种在乡野，在于根须所触的土壤和枝叶所承受的阳光是否给了足够的滋养。温暖的陪伴，是母爱最基本的任务，也是最高的境界。

母亲如果没有亲自哺喂自己的孩子，如果在孩子幼年时期没有充分陪伴孩子，她和孩子间建立的心理联结就会稀疏。血缘只能让她关心孩子，很难让她充分地疼爱孩子，如果再加上一些个性方面的不足，比如做母亲的性格过于强势，或兴趣点在别处，理解孩子对于她来说更难。一位在某自闭症康复机构做过几个月义工的大学生对我说，他惊讶地发现，很多把孩子送来康复的家长，他们和孩子间的关系表现得奇怪，和他原来想象的情形差异很大，大多数家长和孩子并不亲近，甚至有些妈妈抱孩子的表情和动作都很生硬。

我相信，这些妈妈一定很想充分地去爱孩子，或者比常人更愿意去理解孩子，只是她们没有获得这样的力量和通道，她们身上的母爱没有被充分激活，她们自身也是反自然行为的受害者。

当然，并不是早期缺少母爱的孩子一定会得"自闭症"，正像即便癌症高发区也是发病的少、不发病的多一样。除去个体差异，还取决于其他外部条件。一般说来，在母爱缺席的情况下，如果父爱健全，或家里其他人能够很好地进行爱的补偿，孩子也不会出现太大问题，因为人有天然的自我疗愈本能，这就是为什么很多从小缺少母爱的孩子，也可以正常成长。

生命中单一的缺憾不会让一个人心理残障，变态心理往往是多因素共同作用的一个后果。下面这些因素即造成"自闭症"现象的主要原因：

1. 孩子在婴幼儿期，尤其三岁前，和母亲、父亲接触很少，孩子托付给老人或保姆带。

2. 工具过多地介入生活，如过度使用电视、电子产品、婴儿车等，孩子缺少语言及情感的交流环境。

3. 在吃饭、睡觉、大便等日常生活问题上教条，对孩子进行过度训练。

4. 家长对孩子包办太多，几乎事事代劳或处处指令。

5. 对孩子限制太多，总是否定孩子的想法和做法。

6. 监护人脾气暴躁，经常打骂孩子或用冷暴力惩罚孩子。

7. 夫妻感情长期不和，家庭气氛长期压抑。

8. 直接监护人性格强势，凡事不容他人质疑。

9. 家中少书或无书，很少有亲子阅读时光，孩子没养成阅读习惯。

10. 孩子长期缺少玩伴，成长环境过于单调。

以上情况，很多家庭或多或少都有一些，只要不严重，对孩子影响并不大。只有**这些因素叠加多、程度深，才会构成"创伤性成长环境"。**在典型创伤性成长环境下生活的孩子，尤其那些天资聪慧、生性敏感的孩子，心理不断受阻，又无法建立自我成长通道，结果只能是"自闭"或其他形式的精神分裂——这就是后天"自闭症"的成因。

但并不是有了"成因"就一定会导致孩子心理残疾，就像人生病了不一定都会要命一样。回溯一下人类以往的情况，一代又一代儿童的家庭成长环境远不如现在好，却从未出现过大规模的心理流行病，这是因为人有本能的自我愈合能力。父母可以在某些事上做得不好，只要不是一直错上加错就可以。

就当下"自闭症"儿童来说，家长们早期的失职或失误本不是最严重的问题，后期误入歧途才最可怕。其实，在孩子的问题刚被发现时，年龄往往还小，有充足的解决时间，正确的办法应该是尽快把正常母爱和正常生活环境还给孩子，那么孩子会进行自我修复，慢慢变得和其他孩子一样完好。可惜的是，很多家长意识不到孩子的问题和早期生活经历之间的关系，急急忙忙带着孩子往医院走，从一个小过失，走向一个大错误。

三、盲人摸象的医疗诊断及"贴标签"的危害

我十分尊重医生这个职业，但在"自闭症"这件事上，显然是医疗错误地介入了教育。医生有能力帮人们解决肌体病痛，并不意味着他有能力帮人们解决意识问题。

把孩子的心理和精神发育问题交给医生看，根本思路是错的，宛如把打鱼的事交给种地的人来做，其中的错误和风险可想而知。医生面对儿童的"症状"时，专业思维使其很少和该儿童的早期教育相联系，往往会孤立地、片面地从大脑生理病变来找原因。换句话说，医生之所以敢于诊断一个孩子是"自闭症"，在于他不懂教育，无法从一个孩子的成长经历来纵深地看问题。

当然，一个孩子的早期成长事实，很难探究。它是一个家庭内部的秘密，是一段过往的历史，甚至是一种被无意改写的记忆。诊断通常都是父母在陈述，医生不可能深入探查他们生活中的点滴。甚至有些父母在陈述儿童问题时，会有意无意地美化自己的行为。同时，智力和情感没有得到正常开启的孩子，他活在封闭和混乱中，自己也无力主动去和外界沟通，无力去陈述为什么。这样，病态表现和早期教育就被完全割裂开来，仿佛启蒙阶段的负面遭遇都不存在，有病的标签就很容易被贴到孩子身上。

孩子不开口说话，这在"自闭症"的诊断中是一个重要症状。这个问题其实很好解释。儿童开口说话本来就有早有晚，有的一岁就开口说话，有的两三岁甚至四五岁才开口。原因有几种：一是个体差异；二是儿童早期生活缺陷使交流功能启动迟缓；三是因为家长经常强迫孩子说话，引起孩子逆反和心理障碍。

不管哪种情况，只要孩子听力正常，发声系统没有异常情况，都不需要人力过度干涉，或者说，即使"干涉"，也需要对症下药，办法很简单，就是多和孩子进行语言及情感交流，关键是要让孩子心理轻松，有自信，待说话的身心条件成熟了，瓜熟蒂落，自然会开口。反之，在孩子说话条件还不成熟或者他心理上有障碍不想说时，就把他划到"有病"的人堆里，对他进行反天性反自然的训练，那样只会雪上加霜。

比如某个本该三岁半才开口说话的小孩，如果家长在他两岁时看到别的小朋友都会说话了，自己的孩子还不会说，就开始着急。到孩子两岁半时，别的小朋友都会背唐诗了，自己的孩子仅会说几个单词，这就更让他们焦虑。到三岁时，别的孩子都开始认字了，自己的孩子还说不出完整的句子，家长就按捺不住，开始带孩子去医院。这个医院查不出问题，再找另一家医院，耳鼻喉查不出问题就查大脑，大脑查不出问题就去找心理医生……家长的焦虑，各种痛苦的检查、治疗和强制训练，让孩子深深地为自己不会开口说话而自卑和痛苦，那么孩子不但不能如期在三岁半开口说话，甚至四岁也不能开口说话。

一个孩子，当他在语言准备不充分的情况下，和他人的口头交流愿望会比较低；交流上的不顺畅又导致他总是不被人理解，情绪无法疏导，所以容易表现出脾气大或冷漠。而"治疗"对情绪的打击，更让孩子的心理机制在挫败中难以正常展开，从而出现更多的问题——在这样关键的时刻，如果成人还不能意识到正是"治疗"本身在伤害孩子，把孩子的不正常行为误读为有病，将其投入长期的治疗中，那么孩子的"病态"

将一步步被稳定，用一个确实有病的后果，证明诊断的正确和治疗的必要性——这种悲剧被隐藏得如此之深，孩子自己不知道，爱孩子的父母不知道，医生不知道，社会上绝大多数的人不知道。大家看到的确实是一个不正常的孩子，于是所有人都确信，这个孩子先天有"自闭症"，需要不断地被治疗和康复。

至于其他症状，诸如不听指令、没有目光交流等"自闭症"症状，它们和说话问题一样，都可以从教育学或心理学中找到答案，也可以找到解决方案。但医生的思维方式，让他不会往这里想。

盲人摸着一条象腿，真诚地说大象长得像根柱子，并不是他想撒谎，而是他的认识只能到这里。这也正是为什么医生只能"诊断"，无力治疗的根本原因。

现在又有人呼吁，自闭症筛查要从一岁半开始。这真是可笑！无法化验、无任何确切证据的"筛查"如何做？难道医生都有火眼金睛？按现有的自闭症诊断标准来对号入座，哪个一岁半的孩子能逃脱有病的厄运呢？

在一些自闭症论坛，经常会看到奇葩对话，几乎孩子的每一种情况都是"症状"，比如：

> 提问：我的孩子两岁，每次进电梯总是要乱按楼层按钮，不让按不行，讲道理听不进去，告诉他我家楼层他还乱按，是不是自闭症啊？
> 回答：还有没有别的症状，比如喜欢往高处爬，不知危险？
> 问者：有啊。
> 答者：那你赶快带孩子去医院看看吧，像自闭症。

可以想象，这些信息，会给年轻的家长造成多少恐慌。一位科学家说过："认识模糊的地带，妖术最容易流行。"中外历史上妖术大流行总有类似的手段。先制造恐慌，吓唬人，然后再做神秘解释。

曾看过一个笑话：某专家为了证明螃蟹的听觉器官在腿上，提了只螃蟹放到桌上，并冲它大吼，螃蟹很快就跑。然后捉回来再冲它吼，又跑。最后专家把螃蟹的腿都切下来，又对着螃蟹大喊，螃蟹果然一动不动。一只一只试验下来，都这样……得出结论：螃蟹的听觉器官确实在腿上。

早诊断、早治疗，倾家荡产去康复，最后领个残疾证——这种逻辑困境没有人去关注！

有的家长可能会心怀这样的想法：假如孩子真是自闭症，我现在带他去看医生，至少没耽误了他，因为很多信息都在说，自闭症要及早治疗；假如孩子不是自闭症，我带他看了医生被误诊也没事，有人还被误诊成癌症呢，误诊又不会死人，以后知道没事不就没事了——这样的想法是错误的，因为孩子最怕被贴标签。

"贴标签"对儿童来说影响极为深刻，一个有唱歌天赋的孩子很有可能妈妈说一句你唱歌不行，以后永远不再唱歌；一个被反复定义为小偷的孩子，比一般人更容易成为小偷。标签就是烙印，打下了，就很难彻底清除。心理学史上有名的"斯坦福大学监狱实验"[1]就是对外界定义如何深

---

1 斯坦福大学心理学教授津巴多于 1971 年做过的一个著名实验。该实验让一些自愿参加实验的学生用抛硬币的方式，随机分成两组，一组扮演犯人一组扮演警察，然后让他们分别穿上囚服和警服，进入监狱环境，像真正的囚犯和警察那样开始不同的角色扮演。仅仅几天的时间，这些大学生就开始对扮演身份和真实产生幻觉，各自开始向扮演的身份靠近，犯人越来越像犯人，警察越来越像警察，社会病理学症状出现。这个实验原打算坚持较长时间，但由于情况越来越严重，"警官"和"犯人"双方心理扭曲都很严重，不得不半途停下来。这个实验证明：外部定义，即"贴标签"对人的心理影响极为深刻。

刻影响一个人自我认知的佐证。小孩被定义为自闭症后，自我翻盘的机会几乎没有。

四、"康复训练"是严重的二次伤害

"情况不明决心大，心中无底办法多。"这句话用来描述现在的"自闭症"康复市场，真是再恰当不过。

2014 年的自闭症宣传日中，某大型门户网站发了一组自闭症患者的图片，其中有一位患者的情况是这样介绍的：

> 1986 年出生的陈峤，今年 10 月就满二十八岁了。在陈峤小的时候，他能流利地背出唐诗三百首，但六岁那年，他在北京某医院被诊断为自闭症，现在已经难以表述一个完整的句子。

设想这个已二十八岁的成年人，如果他没有被"早诊断，早康复"，情况会比现在更糟吗？

说到这里，就有必要了解一下当前"自闭症"康复机构普遍采用的训练方法，看看它是怎么把一个正常孩子"康复"成残疾人的。

现在自闭症康复机构使用的训练方法，比如来自美国的 ABA 课程，或国内某些人发明的课程，基本设计思路建立在条件反射机制上，即对需要习得的技能进行步骤分解和重复强化，以达成某种外部行为规范。训练方式不管是一对一还是一对多，都是单向指令的、非双向交流的。教师是主导者、指令人，学生是被动方、被指令人。这种训练模式，和竞技运动或表演训练属于一类，交流内容简单，目标外显，缺乏智力因素和趣味性，所以也很难唤起孩子们的情绪认同。

缺少双向交流和情绪认同的训练，在成人来说是在"康复"孩子，可对孩子来说，则是在经历精神和肉体两方面漫长的折磨。

儿童像花苞一样有生长的潜力，却比一朵花要丰富细腻得多。所有愉悦的情绪都会转化为促进潜能生长的正能量，所有痛苦的感觉都会转化成压抑正常生长的负能量。在强制训练之下，他们可能会习得一些简单的生活技巧，却丧失了更多的正常交流机会，内心会越来越空洞，变成缺少情感的空躯壳，面对世界时更加冷漠，更加逃避，更无法适应繁复的外部生活。

生活即教育，是美国教育家杜威提出的最著名的教育观点，它奠定了现代教育的思想基础。自闭症儿童缺的是什么？是情感，是交流能力，是适应生活的能力！用脱离生活的程式化指令模式去训练他们，怎么能达到唤起感情、提高生活能力、学会表达和交流的目的呢？

无论有人拿出多少理论来说明此类康复的"科学性"，我只想请大家把自己代入这些孩子的角色，设身处地地体会一下。一个幼小的孩子，不能玩耍，没有玩伴，被一天数小时地投入枯燥的训练中，在老师的指挥下，去做一些莫名其妙的事，比如用镊子一颗颗地去夹一碗豆子，或被要求一遍遍地发某个音，并要体会声带震颤，哪怕是开关水龙头也要按步骤来做，不可以胡乱开关……这是多么莫名其妙又痛苦的经历啊，孩子哪里有自我心理调适的机会？如何能有效整合对世界的认识？如何能不更加抵触交流？初入训练机构的孩子大多抵触老师的指令，不听话，是不是事实？在这样的强迫训练下，即使孩子最后变得听话了，难道他就学会了合作？即使他开口发出了"妈妈"这个声音，他又如何体会这两个字代表的情感和内涵呢？

在精神和肉体的双重约束之下，孩子的情志怎么可能被激发出来？且不说行为和交流已出现障碍的孩子，就是完全正常的孩子，经历过那样的长期康复，心理也会出现严重障碍！

康复结果有目共睹，长年接受"康复训练"的孩子确实表现出一些较低的生活能力，学会了做一些低于他们年龄智商的简单小手工或小技能，却成为确定无疑的精神残疾人。康复机构或家长，总把孩子这点简单的小技能称作"康复成果"，可这是成果吗？是不是称为"残存能力"更准确些？

贴标签已把孩子开除出正常人行列，"康复训练"则是对儿童的严重二次伤害，彻底把孩子打垮。

我们都有一个基本常识，当皮肤不小心受伤时，治愈的办法是给伤口创造一个清洁、无打扰的环境，并慢慢等待，这个伤口多半能很快自行愈合；如果天天去揭开伤口进行研究，天天清痂，天天上药，为了搞明白伤口恢复情况，还要经常切一块组织下来研究，那么这伤口不但迁延不愈，溃烂面积还会越来越大，最后很可能变成一块癌肿。这个道理并不深奥，关键是我们能否设身处地地站到孩子的位置上体会一下。更何况，还有更疯狂的"康复"行为。

2014年7月，媒体出现这样的报道：《女博士以暴制暴治疗自闭儿童10人回归正常》，文章说这位女博士曾学过儿科医学，后又获得某师范大学博士学位，有"国家二级心理咨询师资格"，开办康复机构，专门收治自闭症及智障儿童。收了近千人，采取"厌恶疗法"，以毒攻毒，以暴制暴，治好十名。具体做法是，有些孩子喜欢咬手，她就亲自去咬孩子的手；有些孩子喜欢撞墙，她就抱着孩子的头去撞墙；有些孩子怕高，她则把孩子吊在树上让他"恐高"；有的孩子打人，她就让一伙孩子去打这一个孩子……报道中居然有这样的结论："采取另类的'暴力'施教，拯救了一个又一个孩子和家庭。"配发的照片是：四个老师在地上摁着一个孩子，掰开孩子的嘴，强行往里面塞饭；两个老师把一个正大哭的孩子往树上吊……这样的报道，这些照片，看着都不只是心酸，应该是愤怒了，却被多家媒体转载。

任何事，只要有炒作就有市场。这几年对"网瘾"的炒作，让开办"戒网瘾学校"的人赚得盆满钵满，却残害了许多孩子。自闭症的疯狂炒作，也必然会出现很多女博士这样的机构，这背后，是多少孩子身心两方面的伤痕累累以致终身残疾！

天下没有完美家长和完美家庭，几乎每个人都是带着某种心理创伤长大的。家庭中一般的"创伤性成长环境"本不影响孩子的正常成长，孩子是被医疗诊断推到悬崖边，继而被错误的康复训练推下悬崖。

五、"自闭症"大爆发的背后推手

"自闭症"宣传特别强调的一点，就是它和教育无关，是纯生理疾病。这样的宣传事出有因。

教育学和社会心理学研究的对象是人的心理和智力问题，终极目的是要解决人的社会化问题。"自闭症"若想形成研究、诊断、治疗的庞大市场，就必须把它说成是纯生理问题，绝对地和教育割裂开来。

从现有资料看，"自闭症"概念由美国学者 Kanner 于二十世纪四十年代提出，距今已有七十多年。当时正是西方当代心理学大发展的时期，各种新概念很多，所以他的这个概念被淹没了，并没有受到人们的关注。只是在近十几年，才被重新翻出来，开始流行。

现在能查到的关于 Kanner 的资料较少，他在心理学史上没留下太多痕迹。事实上，Kanner 当时提出"自闭症"时，指出该病来源于父母亲在情感方面的冷漠和教养过分形式化。但今天，人们只采用了这个名称，却完全否定了他关于疾病来源的说法，把它改写为纯生理疾病。

教育问题演变为纯生理疾病，这会吸引许多人，原因是有的人找到市场，有的人找到事业，有的人找到安慰。

略有相关常识的人都知道，无论哪个国家，医药市场都是一块庞大的蛋糕，经济越发达，蛋糕份额越大。某种疾病或药品一旦列入公费医疗报销项目，就类似于获得了"公务员"身份，基本上衣食无忧了。因市场而创造疾病，这在经济发达国家已不是秘密。在"自闭症"或"多动症"最流行的欧美国家，相关疾病的康复训练及用药已进入政府报销范畴。药品的大量使用为药厂带来丰厚收入，药厂为政府大量纳税，相关研究项目不仅能从政府申请到大笔科研经费，更能从制药企业得到丰厚的赞助，名利双收。公立中、小学，凡有多动症或自闭症儿童教育项目，就能从政府那儿要到更多的钱。一些相关公益机构能从各类慈善团体及社会上获得大量捐款。总之，"病症"让社会各方形成多赢关系。

在中国，继"多动症"之后，"自闭症"医疗及康复市场已大规模形成。全国很多医院都开设了儿童心理科，"自闭症"成为重要诊疗项目。自闭症康复机构纷纷成立，在百度输入"自闭症康复机构"几个字，即可出现几十万条信息。自闭症的概念进入中国不过十多年时间，居然有那么多人可以解决这个"世界级疑难杂症"。稍有点名气的康复机构收费很高，却人满为患，需要排队等候。平时在网上随意浏览，屏幕上会不时地蹦出自闭症治疗广告——想象一下这背后是多么惊人的患者数字，多么巨大的利益数字！与此同时，一些人还在向政府喊话，希望政府也能给予政策、经济上的支持；一些慈善基金会或个人也在向康复机构慷慨解囊。

儿童是弱势人群，无力诉求和抗争，最容易成为被侵害的对象，家长最容易成为被利用的人群。如一度流行的"戒网瘾学校""网瘾电击疗法"，是典型的混乱过渡期的罪恶产物，却形成市场规模，举办者之多，获利之丰，残害少年儿童之重，触目惊心。当下"自闭症"治疗及康复市场即处于这种失序中。

再从家长来说。孩子被诊断为"自闭症"肯定令家长痛苦不已，但有多少人面对孩子的问题时，追问过自己，我做得够不够、好不好、对不对？那些从不怀疑自己有什么过失的父母，当他们找不到进入孩子内心的路径时，本能地会怀疑孩子有什么生理问题，很容易就会去寻找医疗帮助。当父母确认一个孩子是天生带"病"而来时，他也就下意识地避开了走进孩子内心的那条路。

世上确有极少数的孩子，先天有精神或智力残疾，那是大自然的过错。而让"自闭症"的发病率达到 1% 以上，则是人的过错。不得不说，在这一错误上，一些家长也扮演了推波助澜的角色。

"天生有病"是一间避难所，收容了孩子的痛苦经历，也给了家长面子和教育失败的借口。我接触过不少问题儿童家长，深有体会的是，要家长承认自己的过失，是件特别困难的事，尤其是社会角色出众的家长。可能由于他们一直自身表现出色，所以非常自信，如果有人指出孩子的问题可能来源于家长，他们往往非常抗拒，觉得被伤害，甚至会极为愤怒。

我当然理解他们的痛苦和无助，以及付出辛苦却没有收获的绝望和委屈，但一些家长过激的反应，以及对"自闭症"是无法治疗的先天疾病概念的积极维护，还是让我有些惊讶。假如孩子被诊断得了白血病，有人告诉他这是误诊，可能是家庭生活方式带来的不良症状，并且为他指出省钱省力无痛苦的康复方向，他会生气吗？最多是不信，总不至于生气，甚至去攻击建议人吧——不是他们不爱孩子，也不是他们素质不高，而是他们太害怕否定自己！

中国目前约一半自闭症康复机构是患儿家长自己创办的，这有些像一个人谢顶了，就去开一个治脱发的门诊一样。当然有"久病成医"这回事，谢顶者如果能让自己满头生发，就是力证。问题是，他们的孩子康复了吗？答案基本是否定的。如果自己的孩子都不能康复，凭什么去康复别人的孩子呢？

我不能说这些开办康复机构的家长有主观恶意，相信他们最初的动机是想给孩子做点什么，或至少抱团取暖。但我要批评他们在这件事上的一意孤行。他们所信奉的"康复"到底是良药还是毒药，三个月五个月看不出后果，三年五年还看不到吗？一个孩子身上看不到，从很多孩子身上还看不到吗？

六、回归自然是最好的治疗

心理康复的最重要思路，应该是如何把充满爱和自由的成长环境还给孩子，而不是把孩子当动物来驯化或当机器人来控制。

心理学家 A. 阿德勒指出，真正的心理学不会用针扎小孩看他蹦得有多高，不会搔痒看他笑得有多乐。心理学的任务，必须从他的整个生活方式入手，而不是只去治疗一个病症或单一方面的问题。

改善儿童心理障碍，必须是件比较个性化的事，必须细致地研究和体察孩子的心理和情绪，一点点扶植他们内心的正面生长力量。所以最好从家庭做起，解铃还须系铃人。很多成功案例可以证明，家庭是最好的学校，亲情是最好的老师。具体做法，其实不难，简单陈述就是**多陪伴、少限制**。

2013 年，我为美国作者 Thomas Sowell 所著的《语迟的孩子》中国版写了推荐序言。这本书作者的儿子在该说话时迟迟不会说话，辗转于多家医院后，被诊断为"语迟症"或"自闭症"。作者是一名经济学家，他虽然不懂医学也不懂教育学，但凭直觉认为孩子很正常，拒绝给孩子贴上有病的标签，拒绝把孩子送进特殊教育班级或学校，选择让孩子回归正常的群体，同时用关爱陪伴孩子——就是这样"不作为"，效果反而超过了那些积极的、复杂的治疗和训练，他的儿子最终成长得健康出色。由此他开始关注那些因迟迟不说话而被医生诊断为有病的孩子，成立了家庭交流小组，很多人带着有"病"的孩子加入进来。当家长的目光不再忧心忡忡，而是以平常心、爱心和充分的时间陪伴孩子时，这些孩子却发生了天翻地覆的变化。作者和小组成员都被自己获得的意外成功震惊了，这促使这位经济学家把自己遇到的事情写出来。同时作者也在书中揭露了美国"自闭症"的黑幕，指出医疗和研究经费方面的利益，甚至名誉，是高发病率的背后推手。

就在我为这本书写推荐序言时，收到国内一位妈妈的来信。她的孩子也一度因为不说话被诊断为"自闭症"，她虽然拒绝了这个标签，不相信她的孩子有自闭症，却对孩子迟迟不开口说话忧心忡忡，把孩子送进一个语言训练机构进行训练。但结果让她失望，孩子虽然学会了一些发音，在说话方面略有进步，可整个人却越来越萎靡，眼神越来越呆滞，即便说话本身，也常常出现倒退现象。后来，一位朋友对她说，你总在孩子面前表示对他说话的忧虑，孩子心理负担是不是越来越重了？这样训练，孩子是不是反而更不敢说话了？朋友一句话，点醒了妈妈，身处困境的妈妈，有拨云见日的感觉。她突然意识到自己在孩子的说话问题上，给了孩子太多错误的暗示，让他小小的心背负了太多压力。是啊，再聪明的孩子，在这样日复一日的暗示和压力下，自卑的根肯定是越扎越深，状态怎么可能不越来越差呢？

这位妈妈突然醒悟了，她为自己以前的行为感到后怕，开始大量阅读教育书籍，同时中止了对孩子的各种训练，不再逼迫孩子说话，每天只是和孩子一起快乐地玩耍，给他读故事，随意地和孩子聊天，好像孩子不说话这事从未发生过。

他们渐渐地忘记了所谓的问题，而孩子的进步却慢慢显现出来，话语能力在停滞了好长时间后，突然飞速发展，性情也越来越开朗活泼。这位妈妈给我写信的时间，是在孩子刚刚通过小学入学前的各项测试之后。测试结果显示，孩子一切都正常，甚至在识字和计算上表现出色，语言交流毫无困难，完全符合入学条件。

不同国度的父母，面对不开口说话的孩子，当他们从带着焦虑，积极地带孩子辗转于医院和治疗机构，转向放平心态，不给孩子贴标签，中止对孩子伤害性的治疗，努力提高家庭生活中亲子相处的质量时，都不约而同地收获意外惊喜。

现在有人提倡校园"融合教育"，即让"自闭症"儿童和正常儿童在一起上学，淡化其疾病问题，平等友好地对待他。实践证明，它确实在一些孩子身上取得了很好的效果。2013 年，央视报道了台湾"融合教育"的成果，患"自闭症"的孩子进入融合教育的学校，状态转好，令人刮目相看。不过，同一年，媒体也报道了这样的事情：北京、深圳等地有自闭症儿童入读普通小学，结果弄得班级鸡犬不宁，孩子们甚至在人身安全上都受到"自闭症"同学的威胁，家长联合要求让这几个儿童退学或离开这个班级，引爆社会舆论，人们纷纷指责这些家长没有爱心。

如此这般，一个疑问就出来了：北京、深圳这两所小学也把"自闭症"儿童和普通孩子放在一起上学，也是"融合教育"呀，为什么就不行呢？这就说到了"融合教育"的精髓。**仅仅把一个心理有"病"的孩子送进一所普通全日制学校，这只是做了皮毛，撕下他身上的"有病"标签，才是真正开通了融合的渠道。**

人类积累的修养早已告诉我们，对待残疾人最礼貌的态度就是忘却他的残疾，平等相待，而不是处处暗示他有缺陷，口口声声告诉人家我要关爱你。

"融合教育"的精髓是：**没有例外的孩子，只有正常的孩子。所以没有例外的对待，只有正常的对待。其本质是一个撕标签动作——孩子，你没有任何问题，在同学眼里，在老师眼里，你和任何其他同学一样，都是普通而正常的孩子。**

我听一位小学校长讲过这样一件事。她曾参加国外某小学一个重要活动，活动甚至邀请了市里的政要。在发言环节，除了政要、校长和老师，还有学生。她注意到作为学生代表发言的，是一个坐着轮椅的残疾孩子，就想这个孩子背后一定有感人故事。庆祝结束后，她和这所小学的校长攀谈起来，问及为什么要选择这位学生发言，那位校长有些不解地回答说，因为他是学校里的学生啊。

这位校长也许没有注意到"融合教育"这个词，但他做到了，他奉行的正是教育中最朴素的平等原则，不矫情不虚伪，美好又不着痕迹，这样的教育是全世界儿童都需要的。环境中没有异样的眼光，孩子才能正常成长。

教育学和生物学早就证明，未成熟的生命总是有强大的自我发展、自我成长的潜力和本能。虽然生命成长的路途总有这样那样的差异，但只要没有过分的外力阻碍，得天地恩泽之滋养，仰日月光辉之照耀，一个生命总会正常成长。尤其对于一个有某种心理障碍的孩子来说，没有比爱、自由和尊重更好的康复办法。哪怕什么也不做，也强过胡乱"康复"。

七、对几个关键问题的解答

为了不引起歧义，我把前面表述的观点再进行简单的梳理，同时也对一些需要解释的问题做出进一步陈述。

1. 世上是否真有"自闭症"这种病？

这个问题有几种答案。

（1）如果指大脑某种生理构成先天异常、某个基因异常，致使语言功能或其他交流功能严重障碍，表现出"自闭症"症状，或是有明显家庭遗传特征的自闭，这肯定有，但必定极少，和其他先天残障的发生率相比，不会有太大出入，不会成为流行病。

（2）如果指早期心理创伤导致的语言及交流障碍，这种情况古今中外一直有，情况比较普遍，程度各不相同，所谓"自闭症"只是对此类老问题笼统的新命名。对这类心理问题当然也可以有其他命名，完全不需要神秘化。由于它是后天成长环境所致，所以教育可以大有作为，正确的心理治疗可以极大地改善状态。

（3）如果指当下宣传中以及医疗诊断中的"自闭症"——该病为先

天生理疾病，和成长环境无关，发病率越来越高，预后不良——这是夸张地把儿童某种行为障碍或发育中特有现象定义为心理癌症，是人造病，也是本文要批判的。

2. 教育工作者不是医生，有资格谈自闭症吗?

这样的质疑，缘于一个固执的心理前提："自闭症"是纯生理问题，医生是可以诊断治疗的。对此，本文前面已有说明，此处不再赘述。一些"自闭症"传播者攻击像我一样对此提出质疑的教育工作者的说辞就是：你不是医生，不懂医学，所以不能谈自闭症。哥白尼难道要精通宗教事务才可以谈日心说吗?

无论什么专业，科学的思维都是相通的。我谈"自闭症"无关专业，如果一定要提到"专业"问题，那就是我作为一名教育工作者，无法容忍"医疗鸦片"越来越疯狂地侵害无辜的孩子。专业素养让我能看清楚这一切，职业责任让我无法袖手旁观。

3. 如何解释同一个家庭的孩子，甚至是双胞胎，会出现有的患病有的健康?

一个人的成长往往是"细节决定命运"，哪怕是同一个家庭的孩子，也有不同的成长细节。正是早期一些不一样的经历，造成了他们不一样的人生。除了父母态度感情上的差异，其他一些小事也有可能形成根本性的影响。

比如一对双胞胎姐妹，出生时一样健康，仅是妹妹耳朵有些炎症。耳炎虽不是大病，但炎症带来不适，不断的治疗又带来痛苦，那么姐妹俩对世界的初始感觉就完全不一样，情绪也不一样。姐妹俩一个爱笑一个爱哭，一个乖巧一个好动。父母如果对此不能进行细腻的体察，只是不明白，性别和长相一样的双胞胎，差异怎么那么大，开始怀疑妹妹是否有精神发育方面的问题，又带着妹妹去医院检查神经和大脑，检查过程又给孩子带来种种痛苦，这家查不出来再到另一家，一次次把孩子投入诊疗的折磨中，而这时，姐姐却在家里自在地玩耍——那么姐妹俩的初始人生体验之不同，就是公主和囚犯境遇的差异。于是好的更好，差的更差。越来越显著的差异，导致父母看姐姐时满是欣慰，看妹妹时满是焦虑，更紧张地带着有问题的妹妹跑医院，直到确诊为自闭症，然后把妹妹投入长期的治疗和训练中，甚至把她委托给治疗师，长期和父母分离。最终，妹妹成为确定无疑的残疾人……姐妹俩的人生分水岭就这样形成了。人们看到的是双胞胎的巨大差异，却几乎没有人能想到，她们的人生本可以一样精彩。

所以，一个孩子怎样，不能笼统地一概而论，必须回到成长细节上说话。儿童成长中的"蝴蝶效应"随时可能发生。

当然也不必担心，并不是随便什么错误就会产生蝴蝶效应，哪个家长没有过失？一只蝴蝶翅膀扇起的微风能变异为一场飓风，需要长期的、一连串错误的推动。而使一连串错误不断发生的，是成人固执的观念，和对孩子一错再错的对待。

4. 为什么男孩"得病"的多？

男孩女孩天赋性情不一样，大自然早已为两性设计好各自的特征和长短项。当下的"自闭症"诊断标准基本上都是冲着男孩子的弱点去的，男孩更容易成为诊断模式下的牺牲品，成为高"发病率"人群。

事实是不光"自闭症"，现在很多事关儿童的评价标准都对男孩不利，比如我国当前的中小学考试评价、三好学生评比、班干部评选等等，基本上都是女生优势设计。是男孩子病了弱了，还是我们成人偏了错了？这是现代社会生活中值得思考的宏大话题。

不是男孩变得问题多了，是评价标准对男孩进行了扭曲。

5. 自闭症天才现象如何解释？

这很好解释，应该是下面三种情况。

一是人的天赋不同，并且能量有限。某个孩子确实在某方面具有非凡的潜能，把能量主要分配到他的天赋上时，在其他方面就会表现平庸，甚至表现得特别弱。比如一些科学家或一些杰出的艺术家，他们很多人在生活中非常低能，在人际交往方面缺少兴趣和能力，甚至行为怪异，只是因为他们成名了，这些故事才得以流传，并成为美谈。而更多的是天赋虽高，却没有成名的。我们能说他们都得了自闭症吗？他们需要治疗吗？如果有人用武大郎开店的思维方式，硬给他们冠上"高功能自闭症"或"阿斯伯格综合征"的帽子，然后去"康复"他们，这不荒唐吗？

二是生活中确实有极个别的孩子，虽然在早期启蒙阶段受到智力或情感的错误对待，但其天性中某一种潜能并未完全被破坏，侥幸得以存留，后来在某个因缘际会的情况下表达出来，如艺术的或计算的才能，令人刮目相看。这种情况，是因为人与生俱来有自我表达的潜力，有被认可的需求，当其他的出口都关闭后，某一个出口突然现出一个缝隙，于是引起局部喷发。但这种侥幸必定非常少，所以一旦出现，就会成为新闻。

三是从古到今，任何人群中都有某方面的天才，残疾人群当然也不例外，不管是精神残疾还是肢体残疾，其中个别人会在某方面表现出与众不同的天赋，况且现在被定义为"自闭症"的群体，他们本来就是正常人群。媒体或影视作品太热衷于宣传自闭症是天才，这确实能唤起公众的同情心，也符合大众审美需求，但与事实完全不符。事实是，任何有关"自闭症"人群的智力统计数据都表明，该群体智力水平偏低，极少有天才。这是因为一个人的情感得不到正常发育，智力通常也会受到影响。

以个别人的某个特征来描述庞大的群体面貌，这是一种非常幼稚的做法。**炒作自闭症是天才，意欲把问题诗意化，制造一种特别的同情和敬意，让人觉得如果你没点儿奇才，都不配当"自闭症"患者，也不配得到轰轰烈烈的关爱。**这种做法，其潜意识已暗含了对普通智力的不屑和对低下智力的歧视，它仅仅是让媒体和影视剧"有料"，让某些家长有面子，却掩盖了这个群体的真正困难，忽略了需要解决问题的核心。

6. 到底要不要带孩子去医院诊断"自闭症"？

任何诊断都有误诊的可能，何况"自闭症"这样一种从生理上无从验证的问题。同时，既然儿童精神残疾或智力障碍的观察起点和康复终点都在教育系统里，所以在带孩子去医院前，家长应该先问问自己，找医生的目的是什么？

比如经常有家长向我咨询要不要带孩子去测智商，原因一般都是孩子学习成绩不好，老师建议家长带孩子去看医生。老师给出这样的建议，背后已潜藏了一个基本判断，这孩子智商可能有问题，请医生配合验证一下。一旦测出孩子低智商，老师的工作就变得更容易些，对各方面都好交代，更有可能建议孩子留级，这样班里会少个拖后腿的。

且不说"智商"是个动态的现象，"测智商"的科学性本身就值得怀疑，即便能准确测出高低，测试结果对孩子或家长来说，意义和价值又在哪里呢？孩子知道自己是个低智商的人，这对他有半点积极意义吗？相较于知道自己是个智力正常的人，哪种认识有助于他的自我成长和发展？

再说家长，在世上还没有发明"聪明药"之前，家长知道孩子智商正常如何，知道孩子低智商又将如何呢？

同理，在要不要找医生诊断"自闭症"的问题上，家长们一定要想好了，为什么要去找医生，希望达到什么目的。带孩子去医院看精神科，本身已在表达某种潜台词。并且，孩子在交流上正不正常、成因如何，和孩子只有短暂接触的医生，其判断的准确性会超过家长吗？

动机决定手段，信仰决定态度。

在这里，我能够给出的提醒是，如果一定要带孩子去看医生，不要轻信一位医生的判断，哪怕他职称很高、资历很老。诊断必须由数位医生共同参与，若有儿童心理学家或教育学者参与，从后天成因上考量，则更好。如果医院不能组建这样的诊断小组，家长自己可以在找过心理医生后，再找教育学者从后天教育上找找问题根源。**孩子的"自闭"如果被断定为后天成因，不是先天病，其实更具希望，为康复留出了更大的机会。**

7. 如果家长在前面有养育方面的失误，孩子表现出"自闭症"状态，接下来该怎么办？

首先立即中止对孩子伤害性的康复，让孩子的生活和整个家庭生活恢复正常；然后寻找自己在育儿中的失误，把健康美好的教育还给孩子；同时不断调整自己的心态，耐心等待。

什么是健康美好的教育？包含着爱和自由的教育都是健康美好的教育，它是人类精神财富最具体的表达，也是永恒的教育定律。例如本书中呈现的所有正面教育的细节和观点，就是对这一定律的注解。

并不是说我的书可以生理性地治疗"自闭症"，而是我书中沿用的经典教育思想给出了预防和康复的思路。

人类一切美好的思想和情感都是相通的，古今中外的人都一样，古今中外的教育也一样。三千年前长在乡野的一棵树需要的东西，和三千年后长在城市高楼下的一棵树需要的东西基本是一样的，基本养护原理是相同的。"自闭症"康复路径必须是：**从家庭生活中做起，从细节改善做起**。

说到细节，教育不在宏大的理论中，在每一种细节中，做好了细节，就做好了教育。细节是无穷的，也是有规律可循的，悟到了这些规律，就能处理好细节。具体地，我建议从这几个方面去做。

第一，多搜集优秀教育案例。案例看得多了，经验就积累得多，自己如何做，自然就容易找到感觉。

第二，精心阅读几本经典教育类书籍。不必读很多，读几本就可以，但这几本要反复读，反复比对自己的认识，努力优化自己的认识。哪些书是"经典教育著作"，这个问题见仁见智，简单的判断就是，能够穿越时间和国界的就是"经典"。我个人推荐卢梭的《爱弥儿》、弗洛姆的《为自己的人》、A.S尼尔的《夏山学校》，以及苏霍姆林斯基、蒙台梭利、杜威等人的教育著作。当然，我也推荐自己的作品。

第三，必要的情况下寻求专业人士帮助，以便家长从他者角度了解自己。当然，这需要家长有"认错"的心理，做好挨批评的准备。

总结以上几条，改善的根本办法，是家长要把功力用在自我心理调整上、亲子关系修缮上。这是个十分艰难的过程，家长可能会有很多迷惘和痛苦，但只要肯低下头来不断学习，不断改进，肯定会走出泥泞。

"自闭症"从教育中来，必须要回到教育中去，在一个逻辑合理的关系链中，所有问题之结才能被一一解开。

事实上，生活中已有很多事例能证明正常生活对"自闭症"的疗愈效果。且不说回归正常会使普通儿童正常成长，甚至先天性愚儿这种非常明确的智力疾病，通过优质教育都能改善。

前几年电视上曾报道，安徽省马鞍山市有个男孩叫周游，他是染色体异常导致的先天愚型患者。他妈妈坚持给他正常教育，和孩子一起玩，把他像正常孩子一样介绍给别人，还教他从小背古诗、讲故事，让他上正常幼儿园，而不是把他送到特殊教育幼儿园。这孩子后来的发展几乎接近正常人。虽然容貌有典型的病患缺陷，但说话、思维方式、爱好、情感等和一般人没什么两样，后来他还进入由省政府主办的"江淮十大杰出青年"候选人名单。

孩子的康复程度和家长的信心完全成正相关，你用何种眼光看待孩子，用何种方法对待孩子，决定了孩子将以何种状态面对世界。

8. 如何看待联合国设立"国际自闭症日"。

当社会上有某种现象影响到公共生活时，人们经常会设立一个相关节日，以期提醒人们的关注。如艾滋病，因为它的第一传染渠道是后天不洁行为，为防止其扩大，需要设一个节日宣传预防，同时提醒人们接纳这些患者，共同帮助他们直面疾病。

我不清楚联合国是否真的设立了"国际自闭症日"这样一个特殊的日子，假如是真的，设立的动机和程序是什么？也不清楚联合国对此病是否有明确的定义，所以这个问题要分两种情况来回答。

如果是因为关注到现在有心理障碍儿童确实多于以往时代，提醒人们注意儿童心理卫生、优化儿童成长环境，我相信它是有积极意义的，但对于"致病原因"的宣传一定要跟上，应让公众知晓什么原因会导致儿童心理障碍，以加强预防。

如果认可自闭症是先天的，无关教化，无法预防，设立旨在提醒人们尊重这个群体，那么就没有意义。因为从尊重的角度来说，"自闭症"患者如果像宣传中说的那样是天才，人们崇拜还来不及呢，怎么会不尊重呢？如果说承认这个群体确实是残疾人群体，也没必要专设一个关注日，因为现在社会已形成尊重一切残疾人的共识，哪一类残疾人不需要尊重和关注呢？聋哑人不需要吗，盲人不需要吗……在对不幸的关爱上不必厚此薄彼。

事实是这个被媒体大力宣传的所谓"自闭症日"不但没能唤起人们对儿童教养环境的关注，反而被利用，推高了自闭症的发生率，把一种极稀有现象变成普遍的疾病，它安慰了极少的人，却给更多人挖了陷阱，破坏了公共生活的和谐自然。但时至今日，联合国方面也没有就此进行澄清。所以依现有情况来看，设立这样一个关注日弊多利少，希望联合国方面能关注到这一点。

当代学者陈嘉映说过，科学似乎给我们提供了世界的真相，但在这幅从大爆炸到基因的严整画面中，没有哪里适合容纳我们的欢愉和悲苦、我们的道德诉求与艺术理想。

当孩子有某种问题时，家长如果不是马上领着孩子跑医院，而是自省一下，我给他正常的家庭生活和正常的教育了吗？我真正理解我的孩子吗？真诚地思考，问题的死扣也许就此开始松动。

世间一切问题，想要解决，必须找到根源；找到根源，问题就解决了一半。我参与矫治了一些孩子，凡家长积极配合的，都取得了良好的效果。

并非我有什么过人之处，我仅仅是做了一点古往今来无数人做过的事情：通过促进家长教养方式的改善，还孩子一个正常的成长环境。我知道当下也有不少人在做这件事情，他们的工作同样让人看到：教育的力量是无形的，却是永恒而有力的。

大地上河流奔腾，草木繁盛，万事一体，万理同宗。人是自然的一分子，没有哪件事需要被神秘化。泛滥的"自闭症"不过是盲目的宣传、泛滥的诊断、不靠谱的康复合力膨化的时代病，它过分肆虐时，就该是特别警惕时。该是让大家看清它真面目的时候了！

主要参考文献

1. （美）杜威，《民主主义与教育》，王承绪译，人民教育出版社，2001 年 5 月第 2 版。

2. （美）杜威，《我们怎样思维·经验与教育》，姜文闵译，人民教育出版社，2005 年 1 月第 2 版。

3. （苏）苏霍姆林斯基，《给教师的建议》，杜殿坤编译，教育科学出版社，1984 年 6 月第 2 版。

4. （苏）苏霍姆林斯基，《公民的诞生》，黄之瑞、张佩珍等译，教育科学出版社，2002 年 4 月第 1 版。

5. （美）弗洛姆，《为自己的人》，孙依依译，三联书店，1988 年 11 月第 1 版。

6. （美）弗洛姆，《爱的艺术》，李健鸣译，上海译文出版社，2008 年 4 月第 1 版。

7. （意）蒙台梭利，《蒙台梭利幼儿教育科学方法》，任代文等译，人民教育出版社，2001 年 5 月第 2 版。

8. （法）卢梭，《爱弥儿》，李平沤译，人民教育出版社，2001 年 5 月第 2 版。

9. （法）卢梭，《社会契约论》，何兆武译，商务印书馆，2003 年 3 月第 3 版。

10. （美）戴维·迈尔斯，《社会心理学》，侯玉波等译，人民邮电出版社，2006 年 1 月第 1 版。

11. （法）古斯塔夫·勒庞，《乌合之众》，冯克利译，中央编译出版社，2005 年 10 月第 1 版。

12. （英）A.S. 尼尔，《夏山学校》，王克难译，南海出版公司，2010 年 5 月第 2 版。

13. （英）F.A. 哈耶克，《致命的自负》，冯克利等译，中国社会科学出版社，2000 年 9 月第 1 版。

14. （英）安迪·格林，《教育、全球化与民族国家》，朱旭东等译，教育科学出版社，2004 年 7 月第 1 版。

15. （英）Susan Blackmore《人的意识》，耿海燕、李奇等译，中国轻工业出版社，2008 年 1 月第 1 版。

16. （日）黑柳彻子，《窗边的小豆豆》，赵玉皎译，南海出版公司，2003 年 1 月第 1 版。

17. （德）费希特，《论学者的使命　人的使命》，梁志学等译，商务印书馆，1984 年 10 月第 1 版。

18. （奥）A. 阿德勒，《自卑与超越》，黄光国译，作家出版社，1986 年 9 月第 1 版。

19. 陶行知，《陶行知教育文集》，四川教育出版社，2005 年 5 月第 1 版。

20. 钱理群，《语文教育门外谈》，广西师范大学出版社，2003 年 7 月第 1 版。

21. 陈鹤琴，《家庭教育》，华东师范大学出版社，2006 年 5 月第 1 版。

22. 陈琦、刘儒德主编，《当代教育心理学》，北京师范大学出版社，1997 年 4 月第 1 版。

23. 李镇西，《民主与教育》，四川少年儿童出版社，2004 年 3 月第 1 版。

24. 陈嘉映，《哲学　科学　常识》，东方出版社，2007 年 2 月第 1 版。

25. 郑又慧，《父母是孩子最好的音乐老师》，作家出版社，2012 年 9 月第 1 版。

26. （美）兰德尔·菲茨杰拉德，《食物和药品如何损害你的健康》，穆易译，北京师范大学出版社，2007 年 6 月第 1 版。

27. （德）耶尔格·布勒希，《疾病发明者》，张志成译，南海出版社，2006 年 6 月第 1 版。